U0862924

华与华使用说明书

不投标！不比稿！100%精力服务现有客户，
长期坚持就会客如云来！

华杉　夏晓燕　编

江苏凤凰文艺出版社
JIANGSU PHOENIX LITERATURE AND ART PUBLISHING

图书在版编目（CIP）数据

华与华使用说明书 / 华杉，夏晓燕编．-- 南京：
江苏凤凰文艺出版社，2020.11
ISBN 978-7-5594-4471-4

Ⅰ．①华… Ⅱ．①华… ②夏… Ⅲ．①市场营销学
Ⅳ．① F713.50

中国版本图书馆 CIP 数据核字 (2020) 第 189799 号

华与华使用说明书

华　杉　　夏晓燕　编

责任编辑　丁小卉
特约编辑　洪　刚
装帧设计　吴　琪
责任印制　刘　巍
出版发行　江苏凤凰文艺出版社
　　　　　南京市中央路 165 号，邮编：210009
网　　址　http://www.jswenyi.com
印　　刷　北京中科印刷有限公司
开　　本　880 毫米 ×1230 毫米 1/32
印　　张　5
字　　数　51 千字
版　　次　2020 年 11 月第 1 版
印　　次　2020 年 11 月第 1 次印刷
标准书号　ISBN 978 - 7 - 5594 - 4471 - 4
定　　价　68.00 元

江苏凤凰文艺版图书凡印刷、装订错误，可向出版社调换，联系电话：010-87681002。

最高的效率是不返工，
最快的进步是不退步。

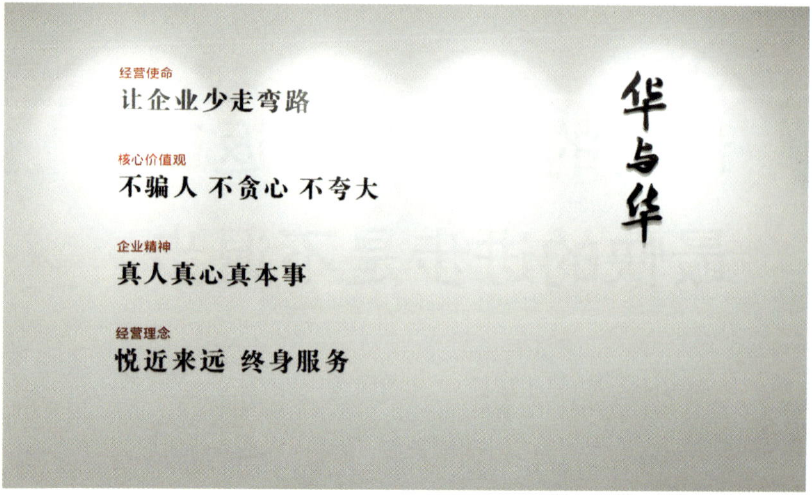
经营使命
让企业少走弯路
核心价值观
不骗人 不贪心 不夸大
企业精神
真人真心真本事
经营理念
悦近来远 终身服务
华与华

华与华展厅文化墙

感谢您选择华与华！

一个人选择一种哲学，因为他本身就是那样的人。选择华与华，就是选择一种哲学、一种世界观和方法论。

华与华的哲学，是**集中、西、日之正道**：

中，有两个方面，一是儒家的王道思想；二是孙子的不败兵法。王道思想，不是竞争导向，而是顾客导向，推己及人，由内而外，由近及远，近悦远来，年轮经营。一切都靠积累得来，不靠进步快，靠不退步，日日不断，一以贯之，滴水穿石。孙子兵法，首先不是战法，而是不战之法；不是战胜之法，而是不败之法。我们不追求胜利，我们追求不败，以最大投入追求最小目标，保持不败，最终实现我们的最高目标——一生不败，传诸后世。

西，是为往圣继绝学，继承科斯、德鲁克、熊彼特的思想，以降低社会交易成本，为社会解决问题，为企业建立原点——持续创新获得利润。

日，是丰田之道——率先垂范，知行合一，凡事彻底，持续改善。

在合作开始之前，我诚挚邀请您阅读这本《华与华使用说明书》。这本手册的意义，在于帮助您更加高效地使用华与华，既能充分利用华与华的能力，又能让您自己的团队得到提升，提高企业的品牌营销思想水平。同时，也是为了降低我们合作过程中的沟通成本，避免因误会或认识理解不一致而产生矛盾，造成损失。

由衷感谢您选择华与华，期待我们共同展开一段长期并富有成效的合作之旅，让华与华帮助您的企业走正道，行王道，少走弯路，基业长青。

目录

上　篇

第一章　合作前需要达成的12个共识

第二章　合作签约10问

第三章　项目推进11问

第四章　华与华咨询服务的“三大承诺”和“四不原则”

下　篇

第一章　华与华词典

原理

工具

一、战略篇

价值观

上篇

第一章

合作前需要达成的12个共识

为了合作顺利展开，
我们希望在合作前和您达成以下12个共识：

1　不投标，不比稿，不行贿，不结盟

华与华拒绝参加任何形式的招投标，这是华与华创办第一天就立下的“立司之本”。我们是咨询公司，有来学，无往教，来者不拒，往者不追。但如果去投标比稿，我们的一切都没有意义。

我们也不会与其他关联公司（例如媒介公司）结盟。你给我介绍客户，我不会给你佣金；我给你介绍客户，也不要你给我佣金。如此确保我们都百分百对客户负责。

2 华与华是合作伙伴

华与华是企业的**合作伙伴**，为企业提供解决方案。也为企业提供思想、方法和工具，**是知识和经验的分享者，也是推动执行的助力者**。同时，我们不仅仅完成企业提供的任务，我们也会向企业提出**新的课题和任务**。

· 合作伙伴

· 知识传播分享者

· 推动执行助力者

· 任务供应商

3 合作即是信任，请师，师做主

否则不如不请咨询公司。企业主只需要判断华与华的方案“不会坏事”即可，不要去判断这是不是最好的方案。**因为我们比您更有判断力。**

俗话说：“干活不由东，累死也无功。”但是华与华的观念相反：“给客户他需要的，不是他想要的。”因为他不一定知道自己要什么。

· 请师，师做主

您可以提出反对意见，我们会认真听取，但最终决策希望能以华与华的决策为准。就像我们会跟有的客户说：“您只要觉得这方案不会把企业弄死，您就放心吧！”

4 所有的事都是一件事

企业里“所有的事都是一件事”，都是在企业家大脑中**整体思考**的事情。

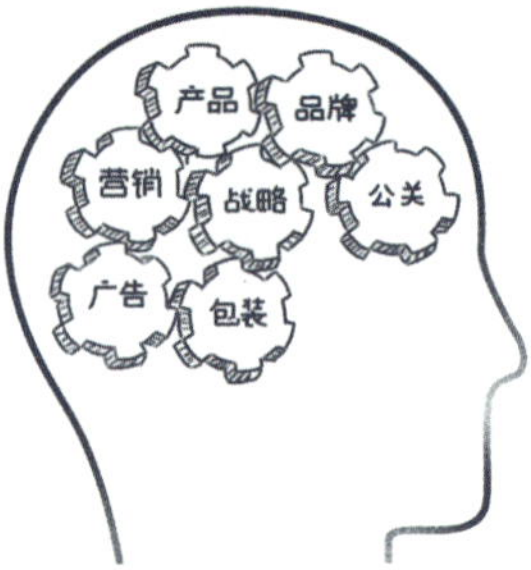

· 脑袋里面装着战略、营销、品牌、广告、包装、公关、产品

所以咨询工作一定要由企业家主抓，方案执行要由一把手决策，这就涉及企业中的各个部门。这是一把手工程，只有一把手率先垂范，才能保障工作的顺利推进。

5 成功都是干出来的，而且是企业自己干出来的，不是策划出来的

每个人的成功都是自己的。华与华过去的“成功案例”都不是“华与华做的”，是企业自己干出来的。华与华做的公司只有一个，就是华与华自己。

所以，不能有贪巧求速、依葫芦画瓢的心理，要一企一策，一事一议，一件事一件事做；**要小马过河，一步一步地走。**

· 小马过河

6 企业执行方案，要凡事彻底

将咨询成果落地是一项复杂的管理工程，往往执行不成功的原因在人而不在事，要先思想落地，由上至下**达成共识**，再一鼓作气推动到底。

· 众志成城

· 凡事彻底

成功不是做不平凡的事，而是把平凡的事做彻底，做到不平凡，这就是“凡事彻底”。

7 咨询的价值在于持续的过程

咨询的价值不是一个方案的买卖，而是在长期、不间断的合作过程中，在于每一年、每一次决策的选择。长期的合作也有助于华与华深入学习和理解客户的业务，从而**降低沟通成本、提高服务效率、深化咨询价值。**

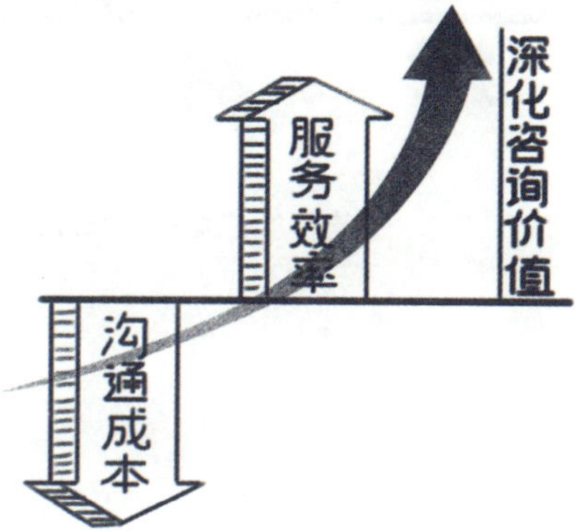

· 持续合作的意义

华与华的经营理念是“近悦远来，终身服务”。我们的定价策略，也是按顾客可终身、不间断、无压力、每年支付来设计。如果您做一年就停了，或者觉得有需要了再来，而不是一次结缘，终身不断，那我们双方都亏了。

华与华自己也请咨询公司，我们的原则，是华与华“吃药”三原则——

药不能停，药不能换，药不能减。

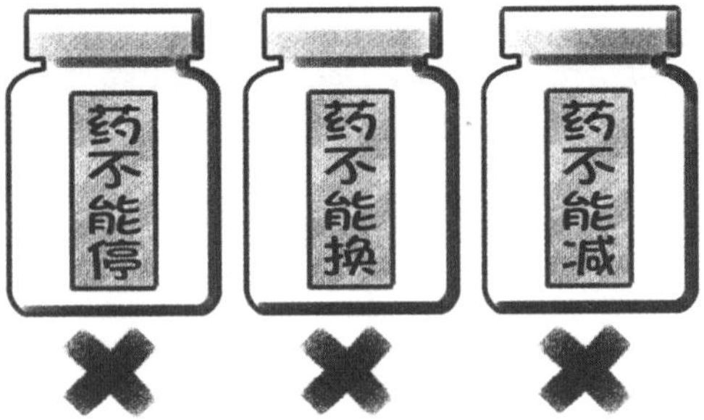

·华与华“吃药”三原则

8 定期给咨询费，就像给员工发工资

达成合作后，华与华就是企业中的一名员工，企业要定期给员工发“工资”。拖延付款，就是拖欠员工工资，是不可接受的。

华与华从不拖欠任何供应商款项，更从不拖欠员工工资。所有和华与华有合作的供应商，都是按合同规定的付款日期提前三天付款。我们珍惜所有和华与华合作的乙方的伙伴关系，也希望甲方客户给予相互尊重的承诺，按时付款，相互支持，携手共同创造价值，做永远的伙伴，永远的朋友。

华与华对客户的定义是，已经给钱的人。

华与华对优质客户的定义是，始终坚持按时付款的人。

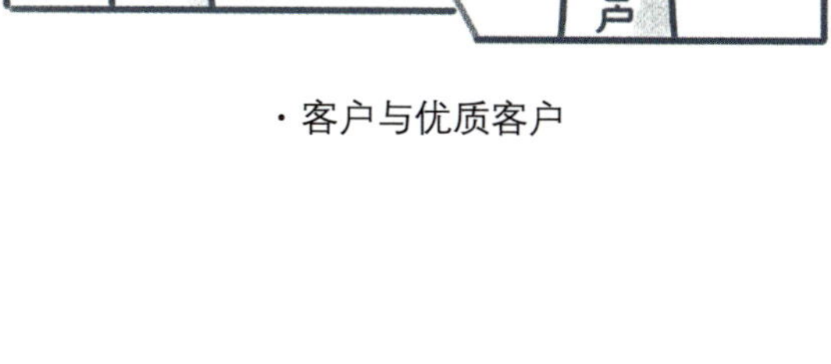

· 客户与优质客户

9 市场部（品牌部）和华与华的利益是一致的

华与华与企业的市场部（品牌部）在日常的工作中，扮演着不同的角色。市场部（品牌部）是企业品牌的守护者、执行者，而华与华是合作伙伴，是助力者。我们双方都有着共同的利益，因为我们要达到的目标是一致的。

· 手拉手达到共同目标

依华与华的观点，市场部要搞大部制，品牌部也不能搞成一个“秀才部门”，必须是公司的核心业务部门和战略部门。华与华有能力帮助企业的市场部（品牌部）或广告部提高其在公司的地位。提出这一点，是因为个别企业的市场部（品牌部）会把咨询公司当成他们的职场竞争对手，这是不必要的。

10 一年做好一件事

华与华项目组每年都会思考我们一个项目的年度**战略目标、战略重心、决胜点、关键动作和时间节点**。

这些事情养成了战略思维的习惯和制订年度工作计划的习惯。华与华认为一年做好一件事，用品牌资产观来说，就是在一个动作、一件事上，不断地重复投资，形成企业的品牌资产。

尽量减少新动作，少做新事情，少输出新信息。

提出这一点，是因为很多公司的市场部、品牌部都做了太多的废动作，或者出于焦虑频频动作，或者为了显示“我很忙”制造出很多动作，这是对品牌最大的伤害。

创意要精，动作要少，要有效，要重复。

少干活，多挣钱！

11 任何方案都有人反对

反对的理由很多，往往被表达为不同的“观点”，但实际上更多的是两个“管理心理学”问题。

对于决策者来说，是选择困难症，拖延决策，或反复易变，以为不决策就没损失，不知道不决策就是最大的损失。

对于执行者来说，是不愿改变，不愿行动和怕麻烦的惰性。在组织中，有人反对一个方案，并不是因为他不赞成，而是因为他不愿意改变，不愿意给自己“添麻烦”。

总之，是忧、惑、惧、惰。

· 决策者和执行者的心理学问题

仁者不忧，知者不惑，勇者不惧，勤者不惰。

12 一分钱主义

世上没有“完善”的方案。我们的原则是，在执行中持续改善，如果一个方案可以帮助我们赚到一分钱，我们就马上行动，先把这一分钱赚到手。不要等方案完善到能赚一块钱再行动。

· 先把一分钱赚到手

合作前需要达成的12个共识

1. 不投标，不比稿，不行贿，不结盟
2. 华与华是合作伙伴
3. 合作即是信任，请师，师做主
4. 所有的事都是一件事
5. 成功都是干出来的，而且是企业自己干出来的，不是策划出来的
6. 企业执行方案，要凡事彻底
7. 咨询的价值在于持续的过程
8. 定期给咨询费，就像给员工发工资
9. 市场（品牌部）和华与华的利益是一致的
10. 一年做好一件事
11. 任何方案都有人反对
12. 一分钱主义

第二章

合作签约10问

1 华与华的发展经历了哪些关键点？

2002年7月	华与华在广州天河建和中心大厦成立，创业初期一共只有5个人。
2003年	大连美罗“胃痛，光荣！”、固安工业园区“我爱北京天安门正南50公里”、田七牙膏“拍照大声喊田七”的创意是华与华早期创作的知名案例。
2003年圣诞夜	华与华从广州移师上海，搬入南京西路的中欣大厦。搬入上海后，华与华每年继续为中国市场创造新的超级案例。
2006年	华与华兄弟创办了读客图书公司（现读客文化股份有限公司）。
2008年	华与华开始在国内三大航机杂志上投放广告，并持续至今，随后华与华又陆续在北京机场、上海虹桥机场、上海浦东机场和深圳机场投放公司广告。
2013年	出版《超级符号就是超级创意》，这是“华与华方法”这一营销思想体系首次结集出版。

2014年 华与华聘请中国台湾“开放智慧”公司，运用引导的技术，帮助华与华召开“裂变”大会，正式启动了华与华合伙人制度。

2015年 华与华聘请尚和管理咨询公司，正式引入TPS丰田管理方式。

2015年 《华杉讲透〈孙子兵法〉》出版，启动华与华文库系列图书出版计划。

2016年 华与华继续加强培训投入，正式成立“华与华商学院”。

2018年2月 搬入上海环球港，开启华与华新时代。

2020年1月 “开放智慧”公司帮助华与华召开“裂变2”会议，凝聚共同愿景，深化裂变长效机制，完善员工发展政策，开启华与华新的十年。

2020年6月 签约光辉合益咨询公司，该公司为华与华提供人力资源咨询服务。

2　华与华能为企业提供哪些咨询服务？

华与华开创了全球独一无二的企业战略营销品牌创意的整体咨询服务，以“所有的事都是一件事，分开了就不成立”为理念，**为企业提供企业战略、产品战略、品牌战略三位一体的独特策略和创意服务，**包括战略策划、商品企划、品牌设计、包装设计、广告创意制作、平面设计、工业设计、动画设计、销售辅导等一揽子服务，最大限度、几何级数地降低企业战略营销品牌创意成本。

最高的效率是不返工，最快的进步是不退步，**一次做对，一次做全，**排除废动作，是华与华创意生产方式的核心。

华与华有且只有一种服务方式：全年全案的咨询服务。所以，华与华有且只有一个合同模板，即按“三年考绩”的古训制定的以三年为一个标准合同周期。

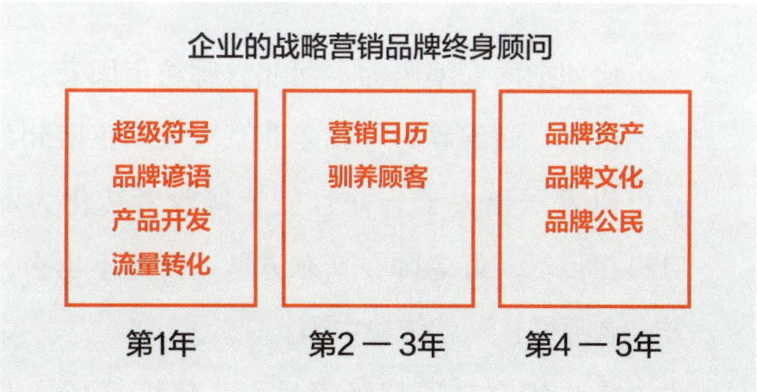

3 为什么说超级符号就是超级创意？

一切传播都是符号的编码和解码。

信息发送者用词语、图形、动作，通过视觉、听觉、嗅觉、味觉、触觉等符号进行编码。接受者收到“信息包”进行解码，解读信息。符号编码、发送、接收和符号解码的过程，决胜点有两个，一是能不能发送出去，二是能不能把接收者转化为发送者，形成播传，也就是免费的自动传播。而超级符号就是用效率最高的符号进行编码，形成“信息压缩包”。

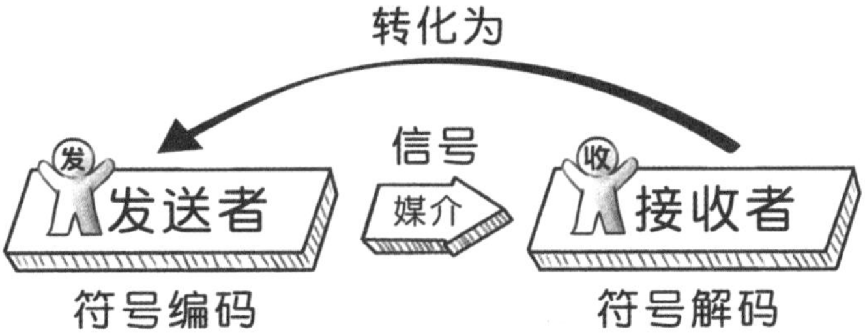

比如把固安编码为“河北省廊坊市固安县”，就发送不出去，而编码为“我爱北京天安门正南50公里”，就可以发送出去了，并且能让接收者转化为发送者，口口相传。“好老师在新东方”，发送不出去，“新东方，老师好！”就传遍中国。

华与华定义了超级符号——超级符号是人人都熟

悉，并且按它的指令行动的符号。人们甚至都不会思考它为什么存在，只要一看见这个符号，就会听它的话。

它可以轻易地改变消费者的品牌偏好，也可以在短时间内发动大规模购买行为，还可以让一个全新的品牌在一夜之间成为亿万消费者的老朋友。

超级符号是人类文化的原型，蕴含人类文化的原力。当品牌嫁接了超级符号，它就得到人类文化原力的注入。将超级符号嫁接给品牌，就得到超级创意、超级产品、超级品牌、超级企业。

· 华与华创意的超级符号案例（部分）

4 华与华说的企业战略和品牌资产观具体指什么?

华与华认为企业战略是基于企业的使命而制定的。使命决定战略，而企业的使命在于为社会解决问题。也就是说，企业战略不是企业的战略，而是企业为承担某一社会责任，解决某一社会问题，为社会制定的战略，企业的业务组合和产品结构则是这一社会问题的解决方案。

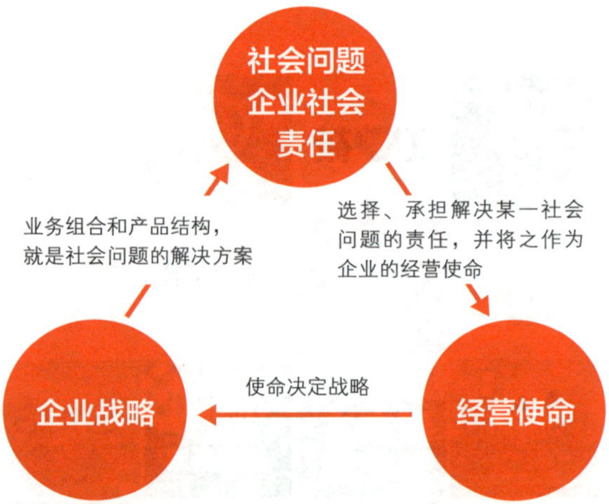

· 华与华企业战略“三位一体”模型

华与华企业战略菱形模型，是在“三位一体”模型基础上，加上了经营活动组合，以一套独特的经营活动组合，实现三个效果：创造独特价值、总成本领先、竞争对手难以模仿。经营活动支撑企业战略和经营使命的实现。

由此，华与华提出企业三大定位：一是经营使命定位；二是业务战略定位；三是经营活动定位。

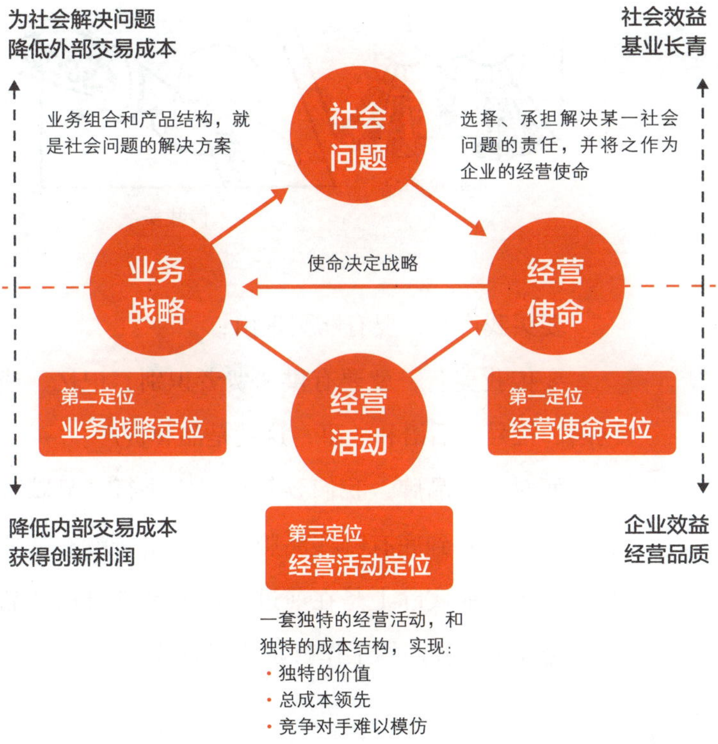

· 华与华企业战略菱形模型

华与华以品牌资产观来管理品牌创意的创作和品牌的各项工作。

华与华方法认为，品牌资产是能为企业带来效益的消费者品牌认知。

而企业从消费者那里获取的效益有两个：

① 买我产品；② 传我美名。

· 买我产品

· 传我美名

要买我产品，要有购买理由；

要传我美名，就要有供消费者识别、记忆、谈说的词语、符号、话语和故事，这就是品牌资产。

面对一个品牌，我们要每年对它进行**“品牌资产盘点”**，看看它到底有哪些品牌资产。由于没有品牌资产观，很多企业实际上是在前进中不断地把自己的品牌资产给扔掉了，我们的工作就是要把它补回来。

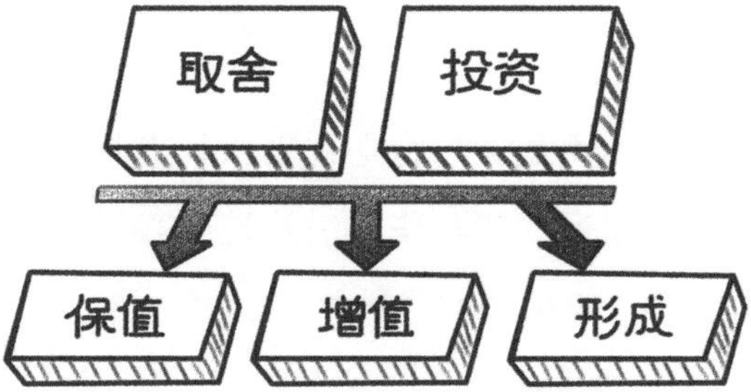

· 品牌资产盘点

华与华的品牌资产观分为两个方面：

一是对过去的东西进行取舍，以它是不是资产为标准；

二是对未来的营销传播活动，以能不能形成资产为标准。

我们的所有动作，都要为已有的品牌资产保值、增值，或者要形成新的品牌资产。能形成品牌资产的，就是有效动作；不能形成品牌资产的，就是废动作。根据华与华过往的工作经验，**我们用来阻止客户自己做新创意、做废动作的时间和精力，往往超过我们为客户做创意所消耗的精力，**这是我们需要提前说明的。

5 华与华的创意生产方式是什么？

创意不是天马行空，它和制造业工厂一样，也在生产车间生产。华与华方法就是创意型企业的生产管理方式，和丰田生产方式异曲同工。

① 少人化

华与华生产管理的第一条就是少人化。

② 多技能工人和U型生产线

③ 全攻全守

华与华的项目团队是在一个一专多能、全攻全守的体系下工作的，团队的成员既包括合伙人、策略师、设计师，也包括公司的技术支持团队，如空间设计师、工业设计师、动画设计师、插画师。

· 少人化，多技能工人和U型生产线，全攻全守

④ 只提供一个产品的独特生产线

华与华只提供一个产品，即从企业战略到产品开发，再到广告创意的完整服务。

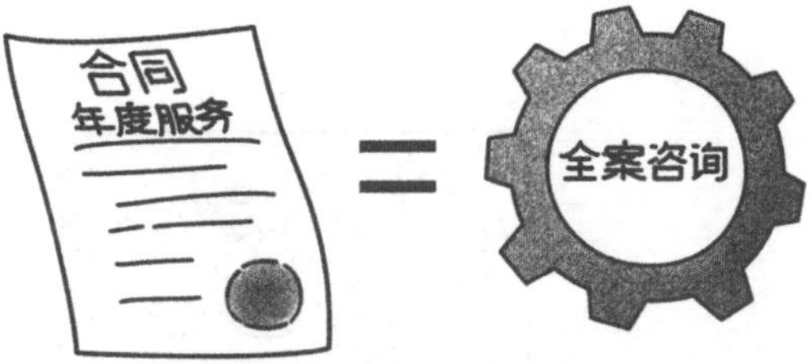

· 一个合同　　　　　· 一个产品

⑤ 只按订单生产

华与华对客户的定义是，付过款的才是我们的客户，我们会全心全意为您服务，不会将时间浪费在寻找新客户上。

⑥ JIT和判断分解问题

要做到Just In Time，就要能够迅速判断、分解和反馈，就是说一件事来了之后，我们要马上做出判断，然后把它**分解成不同的工作**。

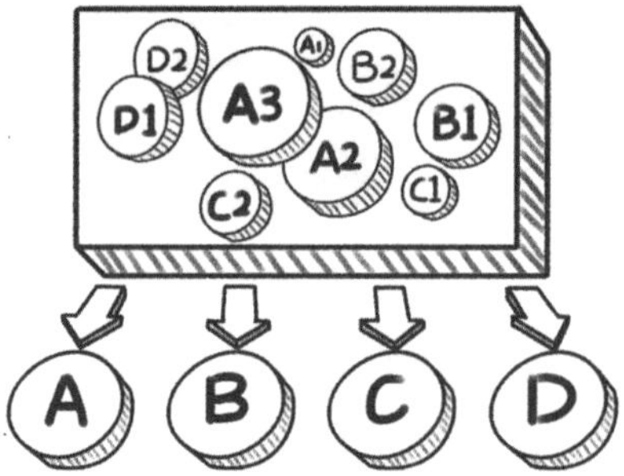

· 分解工作

⑦ 后工序拉动

后工序决定前工序，这也是华与华发展的本质。

· 后工序决定前工序

⑧ A4纸计划

把战略目标、战略重心、关键动作、时间节点简洁直观地**在一张A4纸上表现出来**，这样更有助于排除废动作，提高工作效率。

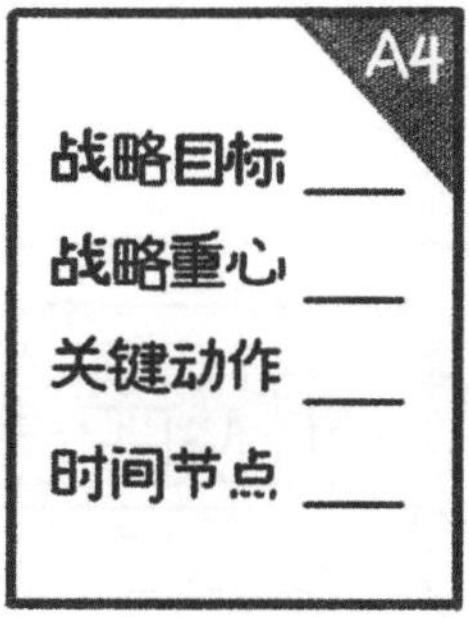

· 一张A4纸

⑨ 全员持续改善的意识

华与华每个人每天都要改善。

· 每日改善

⑩ 蓝领大师，三现主义

华与华没有白领，全是蓝领，不会现场施工，就不会做设计；不会做一个优秀的售货员，就不会做创意。我们坚持三现主义——**现场、现物、现实**——一切答案都在现场，我们全员在现场解决问题。

· 优秀的售货员

6 华与华是如何收费的?

（付费方式是什么？服务费中包含哪些内容？哪些工作另外产生费用？）

在收费上，华与华按照年度咨询服务费用的方式进行定价，一口价不谈判，在一个基本起价的基础上，每个项目按规模及复杂程度单独立价。

年度咨询服务费用包含策划、创意和平面设计费用，不包含空间设计、工业设计、动画设计、摄影、菲林输出、电视、电台广告拍摄录制、模特等外付制作费用和相关媒体的投放费用，亦不包括聘请第三方市场调研公司的费用。

华与华为客户提供年度全案咨询服务，每三年签署一次“三年框架服务协议”，每四个月为一个收费周期。在一年内，分三次收取服务费用，客户每次需提前支付后四个月的咨询服务费。

合同签订后，要支付第一期的服务费。第一期工作结束前，也就是第二期工作开始前，要支付第二期的服务费，后面依此类推。

· 每四个月为一个收费周期

7 华与华会承诺销量吗？

我们从不承诺具体的销量增长，一切责任及风险都属于客户。

因为销量的增长是整个营销体系的操作和外部环境影响的共同结果，其中既包括我们提供的营销咨询方案，也包括企业方具体执行的程度，其中有许多变量并不是华与华可以控制的，所以我们不会有这个承诺。

这也和前面达成的12个共识中的第5个共识“成功都是干出来的，而且是企业自己赶出来的，不是策划出来的”道理一样，一家公司的成功，主要是企业家自己的决策成功和执行成功，企业自身才是实现销量增长的决定性力量。

· 陪跑

8 有哪些人会为项目提供服务？华杉会亲自管理项目吗？

华与华认为，所有的事都是一件事，所有人一起做所有事。所有的事包括企业战略、营销战略、品牌战略、产品开发、品牌设计、包装设计、广告创意等。

所有人一起做所有事，就是把这些事在**一个团队、一个系统里一次成型**。如果把这些事分割成不同的部门、不同的团队，在不同的阶段去完成，就是脱离本质，就做不对，更不可能做好！

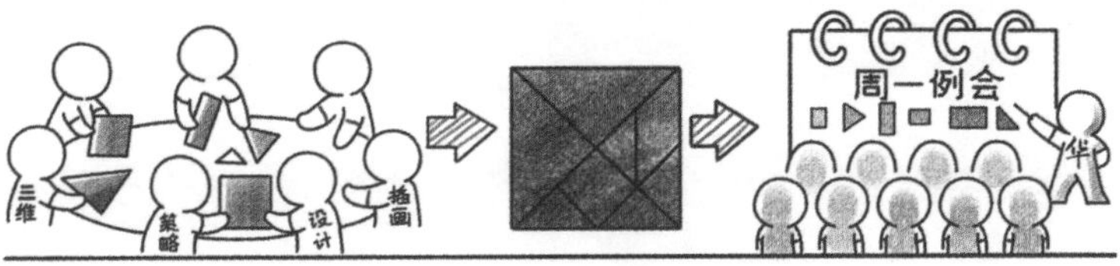

· 一个团队一起做所有事

因此，为您服务的华与华项目团队，是在一个一专多能、全攻全守的体系下工作的，团队的成员既包括合伙人、策略师、设计师，也包括公司的技术支持团队，如空间设计师、工业设计师、动画师和插画师。

华与华不支持客户挑选团队，因为我们每个团队都能做不同行业的项目，并且都有不同项目的咨询经验。同时，**每周一华与华都会召开由董事长华杉领头的品控管理会，会对所有准备提案和出街的项目进行审核、指导和品质把控。**

因为华杉先生要亲自把控公司的所有项目出品质量，所以他只能集中在公司办公室工作，难以分配时间到其他城市出差。因为在公司可以服务所有客户，而出差往往两天时间只能服务一个客户。

另外，华杉先生的时间属于已经付款合作的现有客户，对他们才负有义务，所以也就难以分配时间接待洽谈中的新客户。

请各位老板谅解！

9 合同签订的流程是什么？

（合同中哪些内容是可以修改的？签约多久后华与华会正式开始工作？）

华与华营销咨询服务合同的签订流程，预计需要15天，之后双方将正式启动项目。

这15天的时间里，包括了商务洽谈、标准合同版本确认、寄送发票、支付首期服务款和项目启动会，一共5个关键动作。

第一期服务费到账后，就可以正式召开项目启动会，全员进入工作阶段！

① 面谈后，确认合作

② 华与华发送标准合同

③ 客户及华与华共同确认合同版本，并签章

④ 华与华开具增值税发票

⑤ 客户在合同规定时间内打款

⑥ 项目启动会，正式进入工作流程

（↓详情见下图：15天商务签约流程）

15天商务签约流程

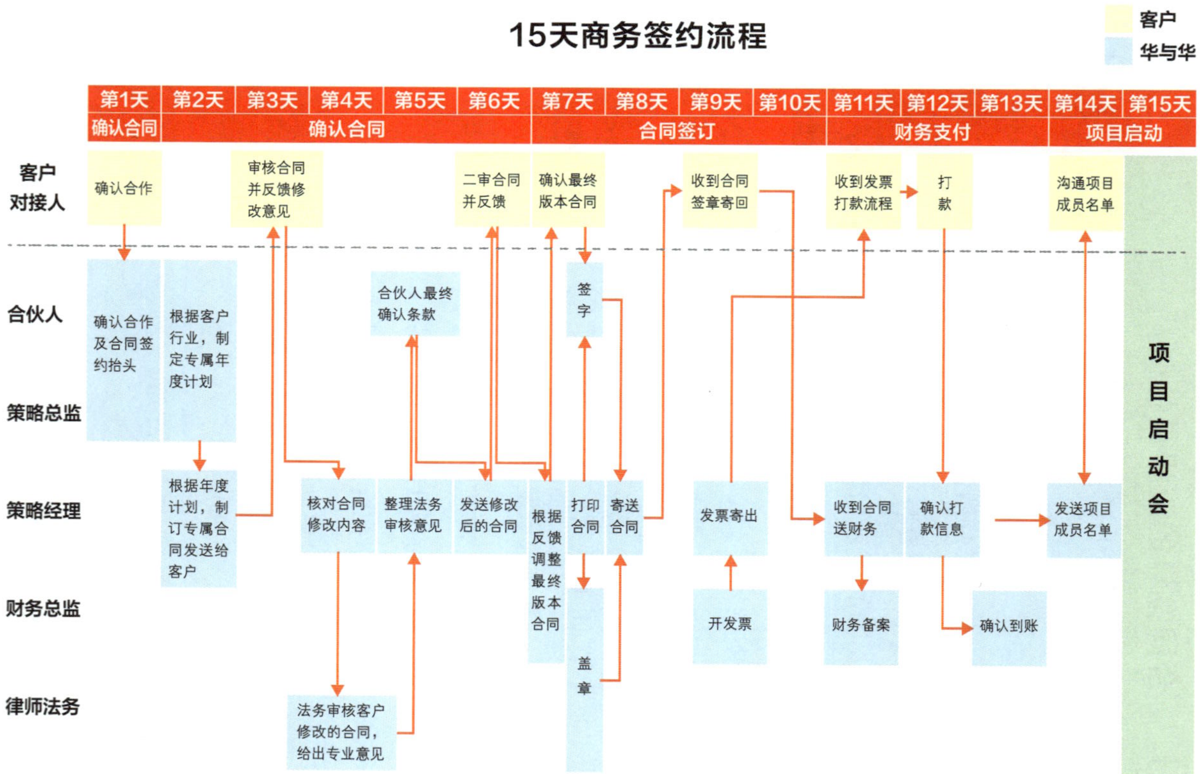
客户
华与华
第1天
第2天
第3天
第4天
第5天
第6天
第7天
第8天
第9天
第10天
第11天
第12天
第13天
第14天
第15天
确认合同
确认合同
合同签订
财务支付
项目启动
客户对接人
合伙人
策略总监
策略经理
财务总监
律师法务
确认合作
确认合作及合同签约抬头
根据客户行业，制定专属年度计划
根据年度计划，制订专属合同发送给客户
审核合同并反馈修改意见
核对合同修改内容
法务审核客户修改的合同，给出专业意见
整理法务审核意见
合伙人最终确认条款
发送修改后的合同
二审合同并反馈
根据反馈调整最终版本合同
确认最终版本合同
签字
打印合同
盖章
寄送合同
收到合同签章寄回
发票寄出
开发票
收到发票打款流程
收到合同送财务
财务备案
打款
确认打款信息
确认到账
沟通项目成员名单
发送项目成员名单
项目启动会

10 合作启动的流程是什么？启动前企业要做什么？

统一价值观、统一话语、统一标准，是合作顺利展开的第一步，这就需要举办双方高层共同参与、达成共识的项目启动会。合同签订、服务费到账后，华与华将邀请客户的团队核心成员到访华与华，举办项目启动会：

· 参观华与华公司；

· 由华与华团队介绍华与华的理念和方法；

· 由您的团队介绍企业发展的历史、现状和目标；

· 双方共同明确未来工作方向和工作任务。

· 邀请客户的团队核心成员到访华与华

我们真诚希望在项目正式启动前，您的企业能够成立与我们对接工作的专项品牌战略事务局，由老板挂帅做决策，以推动之后的工作。

第三章

项目推进11问

1　项目一旦开展，需要您的企业参与哪些工作？

在第一个季度的工作中，**企业寻宝**是华与华项目团队工作的重心。

· 企业寻宝

学习理解客户的业务，关键在“企业寻宝”，也就是在企业发展的历史中去寻宝。所以我们需要了解企业创始人的初心、情怀和愿景；梳理企业发展中的关键点，看看企业历史上做对了哪些事，又有哪些欠缺；最后盘点企业积累下来的品牌资产。

需要企业参与的具体工作内容包括：

- 详细提供华与华项目团队研究所需的企业资料，包括：企业发展史、行业发展史、企业营销4P等资料；
- 接受华与华项目团队主持的企业高层访谈；
- 企业的品牌负责人和华与华项目团队一起走访渠道（终端），进行售点调研；
- 如需开展消费者定性访谈，企业需要与华与华团队、第三方定性调研公司一同协作推进。

2 华与华团队内部如何分工，又是如何与企业保持顺畅沟通的？

华与华的作业团队在一个一专多能、全攻全守的体系下工作，团队内的每一个人都将全程参与客户调研、策略、创意、文案、设计、制作的全部工作。

我们建议企业内部组建品牌战略事务局，由企业一把手牵头挂帅，代表企业的最终修改意见或确认意见。在企业内部应指定一人作为项目对接人，负责沟通协调双方工作，为品牌咨询服务工作的开展和决策提供及时、有效、准确的信息资料。

双方“伙伴式”的通力合作：

- 华与华：董事合伙人智库指导下的项目组。
- 企业：品牌战略事务局，其中一位主要对接人进行日常工作对接。

企业工作组：企业的战略级市场营销部门。

企业对接人：指定一人为主要对接联络人，协调内部资源，统筹安排工作。

每个客户都有固定的服务团队为其服务，其组成结构如下图：

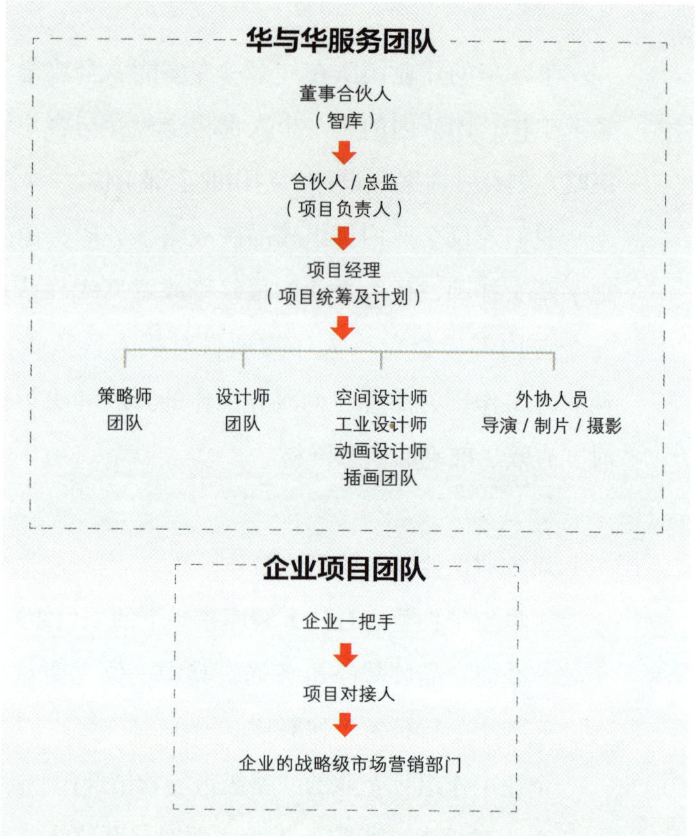

双方团队结构图

3 什么是华与华课题循环工作法？

运用“松浦九条”能够减少工作当中的废动作，提高全员的时间利用率。这套循环工作法是华与华在营销实践中收获的行之有效的方法。课题循环工作法是华与华能与客户长期合作并持续创造价值的关键，**不搞错课题和能提出正确的新课题**是华与华方法的重大战略价值。

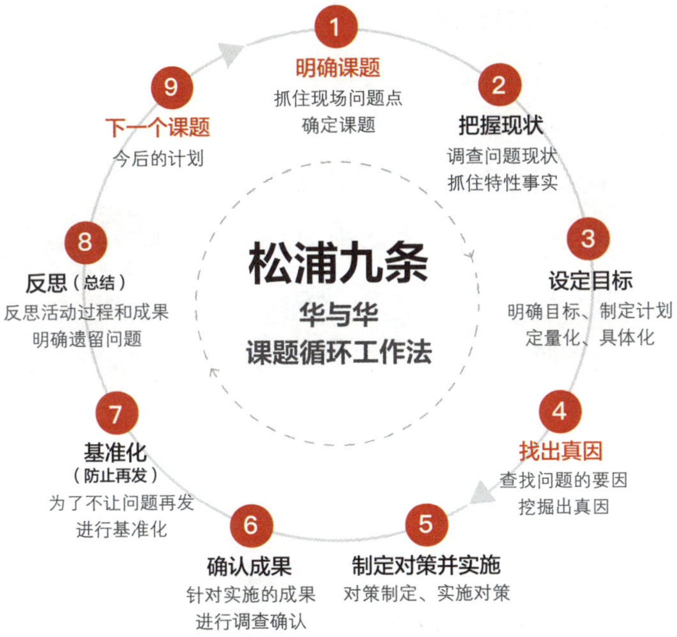

详细实施步骤请见本书第119—121页

比如，西贝开始找华与华的时候，因为前两次“定位”不成功，客户提出的需求是“第三次定位”，这就是一个工作课题。那么，华与华做的，首先就是重新评估这个课题：西贝的问题，是不是通过制定一个消费者心智定位，然后去“执行”，去宣传，就解决了？我们以重新确定品牌和营销4P为课题，用“I❤莜”的新品牌形象和产品创新，开启了西贝的新时代。

新东方在找华与华合作的时候，委托给华与华的课题是旗下中学教育品牌“优能中学”的品牌战略，而三个月后华与华的第一次提案，就建议取消“优能中学”品牌，**以“新东方，老师好！”为品牌谚语，旗下所有教育品牌统一使用“新东方”品牌。**

洽洽刚开始找华与华的时候，提出一个课题：“洽洽要做坚果，如何解决洽洽在消费者认知中是瓜子的问题？”洽洽要做坚果，做就是了，不需要解决“洽洽在消费者认知中是瓜子的问题”，因为这个问题根本不存在。假使它存在，那做了坚果后这个问题就解决了。

华与华是以营销4P为课题来开展洽洽的工作，而且**将包装策划设计作为战略重心和决胜点，最后取得成功**。

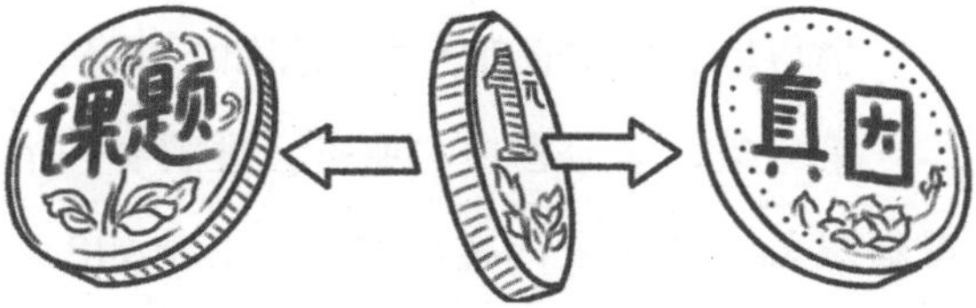

·“课题真因”硬币

“课题”和“真因”是一对儿，是一个硬币的两面，找到真因才能确立正确课题。如果不成功，不成功的真因是什么？如果成功，成功的真因又是什么？人们往往过度总结，但是无论失败或者成功，都找不到真因，又继续盲动下去。华与华与客户的合作，就是**抓住课题和真因这两个关键，**确立课题，找到真因，制定对策，解决课题，形成资产，再确立下一个课题，如此循环往复，这就是PDCA循环，就是我们为客户终身服务的工作原理。

4 华与华如何安排第一阶段的工作？

每一次华与华服务新客户的第一阶段工作过程，都是华与华工作原理的完整体现。

华与华的工作原理，主要有如下两条。

第一条，学习客户的业务，理解客户的业务，然后重新想象、重新设计客户的业务。比如360，就是重新设计了互联网安全的业务；葵花药业，则是重新设计了儿童药业务。

第二条，用超级符号的方法，降低企业品牌营销传播的成本，帮助企业建立并高效积累品牌资产。

合作开始后，我们会学习、理解客户的业务，而这个关键就在企业寻宝。成功企业的资产，往往在它的历史里，所以需要寻找、发现、继承和发扬。在企业寻宝的同时，项目组内部也会同步开展创意工作，实现工作的并行。

企业寻宝的工作告一段落后，我们将运用华与华战略方法，明确企业要解决的社会问题、经营使命和企业战略，并对客户业务进行新的想象和设计。我们还会对企业已有的品牌资产进行"盘点"，遵循品牌资产观，提出企业的品牌策略和品牌核心创意。

用创意降低营销传播成本、积累品牌资产就是华与华的看家本领，我们说“超级符号就是超级创意”，超级符号方案能否一战而定，能否实现对企业战略的“引爆”，就靠华与华方法的创意套路。

创意的工作是“手艺活”，而手艺全靠时间打磨，靠不断地精益求精，所以第一阶段的大把时间也就花在了这里。

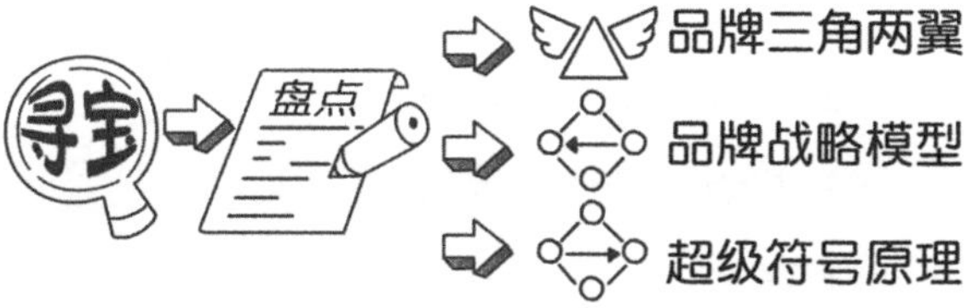

因此特别提示您：在第一阶段，您需要耐心等待，不给我们增派新的工作。有的企业心急，签了合同就恨不得派一大堆活儿过来，影响了真正有价值的战略策划。派的活儿越多，得到的价值越小。

5 合作第一阶段的提报内容有哪些？

在签约之后，华与华的项目团队将集中开展调研和创作工作，在第三至第四个月，向您首次提报我们的工作成果。

提报的内容主要包括以下五项[1]：

1. 企业战略；
2. 品牌战略及品牌命名；
3. 超级符号、品牌谚语；
4. 核心产品策略及产品命名；
5. 核心广告创意。

1 内容根据企业特点和行业属性会有所调整。

华与华第一阶段工作计划明细

H：华与华
A：客户

第1个月

签合同+付款

H&A：项目启动会

H：内部预判会

H&A：双方启动会

1. 信息全面对称
2. 工作对接安排
3. 工作任务明确
4. 双方战略预判

启动会总结

H&A：调研寻宝行动

H&A：桌面研究

内部资料共享
全球行业历史
典型案例研究
竞品案例研究
产品结构梳理
客户需求洞察
营销模式研究

H&A：现场研究

公司高层深访
区域市场走访
目标客户深访
销售渠道观察

验证预判，找参考和启发

H：方案撰写（企业战略、品牌战略、调研报告）

第1个月例会：确定命名，梳理思路，互通有无

第2个月

签合同+付款

H：创意创作

H：梳理总结，创意创作

核心视觉&核心话语
超级符号+花边战略
品牌谚语+话语体系

设计启动会

渠道优化及传播策略
渠道支持策略
传播策略创意

H：方案撰写（符号、话语、策略）

第2个月例会：沟通思路，互通有无

第3—4个月

H：核心设计

H：物料梳理与设计

企业办公重点物料
品牌画册
拳头产品包装
拳头产品海报
终端传播物料
其他核心物料
……

H：方案完稿与优化

第3—4个月：方案提报

6 后续的工作有哪些？

第一阶段合作为持续服务打下基础，后续的工作将围绕第一阶段的总纲与您一起共同完善方案并落地执行。华与华认为，没有创意，策略等于零；没有手艺，创意等于零；没有执行，一切等于零。

重点工作包括以下五项：

1. 提案优化及落地执行；

2. 品牌核心创意执行：例如产品包装、电视广告等；

3. 终端生动化物料设计：例如终端物料、陈列道具、展览设计等；

4. 企业形象视觉设计：符号系统[1]；

5. 新产品开发。

1 我们不用VI，也不用“VI规范”这样的词，每一项都是单独设计。

华与华后续工作计划说明

第5个月

根据提案反馈进行优化和修改

创意与设计执行跟进

项目日常工作推进

第6—11个月

创意与设计执行跟进	项目日常工作支持 （符号应用&话语应用&产品翻新）

根据项目推进情况协调具体工作

第12个月

年度工作总结
下一年度战略营销工作规划

项目日常工作推进

7 在合作中如何修正工作计划？

华与华制订工作计划，都会围绕每个项目每一年度的**“战略目标、战略重心、决胜点、关键动作、时间节点”**来规划。

如果在项目推进的过程中出现战略目标和战略重心上的调整，就需要双方通过沟通确认调整的必要性。在确定需要改动的内容后，我们将会重新调整工作计划，梳理新的关键动作和时间节点。

每当遇到客户提出的新创意，我们都会根据品牌资产观来判断新创意是否有利于品牌资产的持续积累。如果出现了能够积累品牌资产的新创意、新动作，这些工作也会更新体现在我们的工作计划中。

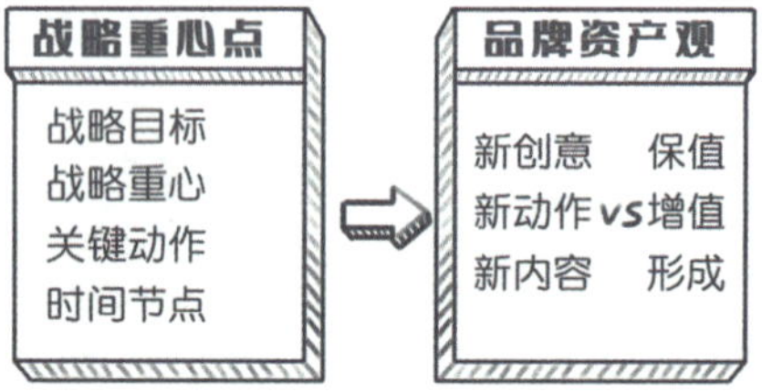

· 战略重心点　　· 品牌资产观

8 华与华怎么做市场调研和消费者调研？

华与华方法认为要“少调研”，调研之前要做好研究和预判，再通过调研证实或打消假设。不要盲目开始调研，特别是不要把调研的目的看成是获得一份调研报告。

华与华的调研是为了**找参考、找启发，不是找依据**。调研的时候也应该充分思考，不然就是在浪费时间。

· 找参考　　· 找启发　　· 不是找依据

另外，很重要的一点是，华与华方法中也强调过很多次，调研不是一天跑很多地方，而是要在一家店深入了解，最好方法是在一家店待一天，在这里了解消费者的故事，了解这个故事里的时间、地点、人物、过程和情绪。因为对产品的策划、营销的策划，就是编写消费故事的剧本。如果脑子里面没有故事，只有数据，那就什么都做不了。因此，在消费者调研中，我们采取定性调研的方式，目的是研究消费者行为。我们最常用、最有效的方法有两种：一是售点观察，二是焦点座谈会。

售点观察是不间断地观察和记录店内全天所有消费者的行为，取得全部数据，并通过消费者行为观察和现场访谈寻找消费者行为依据和购买理由。售点观察通常又结合华与华的两项活动，一是策略师、设计师直接做售货员、促销员或服务员工作，直接和顾客沟通；二是开展持续改善活动，改善门店销售。

· 售点观察

焦点座谈会是指针对消费者的小组座谈会。华与华设计的消费者座谈会有以下四个关键点。

1. 调研消费者之间现有的传播行为，也就是找消费者的“原话”；

2. 调研消费者的消费知识和消费观念，以及在此基础上形成的“认知”，我们常说重要的不是事实，而是消费者的认知，因为这是你跟他沟通的基础；
3. 不需要问消费者思考和总结的问题，只需要他回忆场景，不要让他帮你总结；
4. 调研消费者如何使用我们的产品，对于产品开发和广告策略，都是有巨大价值的。

· 焦点座谈会

9 华与华会做媒介投放和渠道策略吗？

华与华给您提供的是策略和核心创意，而媒介选择、媒介投放规划主要是您的资源调配。华与华不是媒介公司，所以关于媒介投放的内容我们会参与讨论，但是不会给出具体方案。我们会推荐和华与华长期合作的媒介策划和购买公司与客户配合。

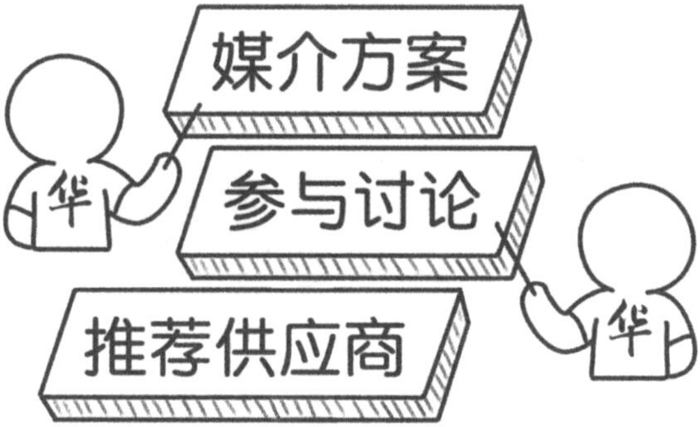

在渠道策略方面，华与华认为渠道就是要解决销售者如何替我们卖的问题，要最大限度地整合利用销售者的资源。

我们认为渠道的结构设计是企业内部的工作，不仅不同行业差别较大，而且关键不在策略而在管理执行，我们会参与到渠道和终端各项品牌应用的设计和内容的创作，但是我们并不参与渠道结构本身的规划，不承担渠道工作的责任。

另外，我们认为，制造商应该是渠道商的咨询公司，为渠道商提供管理咨询服务，我们会在这方面配合我们的客户。

10 华与华如何监督设计的完稿执行?

· 设计监督流程

在完稿执行前，华与华会将设计方案、具体的设计说明以及标准版设计稿，甚至实际打样，提供给企业，然后由企业完成最终落地执行，华与华还会在执行前帮您进行品质把控。但是，我们不参与设计完稿制作。

很多企业完稿工作量非常大，如果都放在华与华，反而浪费资源，不能让我们的设计师投入核心创意工作。

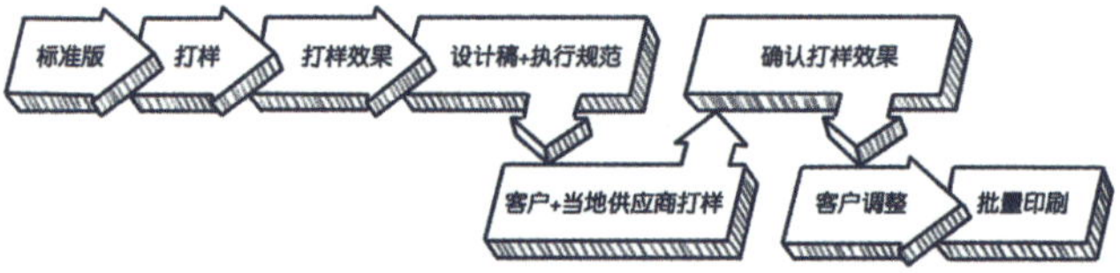

· 完稿设计监督制作流程

以商品包装为例：

商品包装设计

①	华与华先做出一个标准版，做到可印刷的程度，交给我们的供应商先打样；
②	华与华把打样的样品确认后，将标准版本设计稿和执行规范交给企业；
③	企业再找当地供应商打样；
④	华与华确认企业打样的样品没问题后，就可以批量生产印刷了。

11 当工作中大家的判断不一致的时候，应该如何解决？

首先，需要大家明确华与华在策略上的判断准绳：始终服务于最终目的，随时回到原点思考。在明确了企业经营的最终目的之后，我们所有的策略都会基于这个最终目的去思考、去执行，并会排除一切偏离这个准绳的废动作。

其次，华与华始终坚持为客户负责的原则，要做您需要的，而不只是给您想要的。

最后，如果您一直坚持您的想法，我们会保留建议，并协商推进工作的执行。如果实在不能达成一致，大家接受失败，好聚好散，合作不成功本身是我们经营风险的一部分。

第四章

华与华咨询服务的“三大承诺”和“四不原则”

1 华与华从事咨询服务的“三大承诺”

1. **我们承诺：**始终坚持“不骗人、不贪心、不夸大”的企业核心价值观。

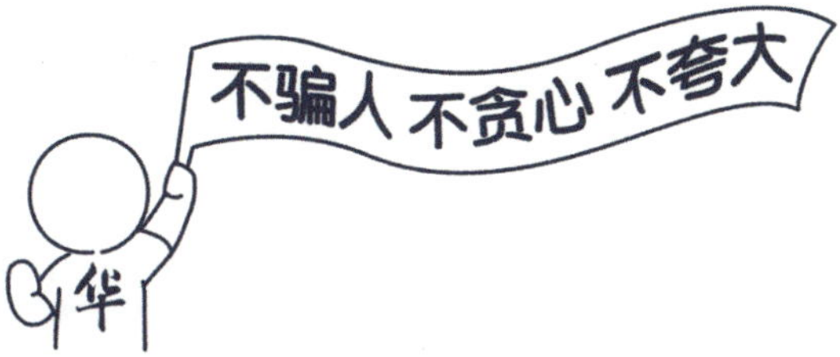

2. **我们承诺：**始终牢记“笔下有财产万千，笔下有人命关天”，坚持先有判断后有创意，绝不乱出招，不给企业添乱；不用客户的身家，下自己的赌注；宁愿不作为，绝不乱作为。

3. 我们承诺：始终坚持“持续改善”的工作态度，

尽心尽力，凡事彻底。

2 华与华保障创意出品质量的“四不原则”

工作中由于双方沟通、工作安排等问题，存在频频的干扰动作，这样会影响具有战略价值的核心工作进度。所以，了解华与华对保障出品质量的工作原则，才能够让双方的合作更有成效。

① 华与华不设分公司，一个国家只设一个办公室

② 不入驻企业办公

华与华只有上海总部，不设分公司，不入驻企业办公。所有的策略、创意、设计，都是在一个团队、一个系统内解决，集中办公才能发挥华与华团队整体作战的能力和实力。让所有人在一起工作，全公司项目出品会议每周一次。

③ 周一不出差

周一是华与华全员参加的项目会议，华杉主持各项目汇报和创意突破，群策群力，所以周一不安排客户会议和出差。

④ 不做完稿

华与华会提供核心创意设计及执行规范，完稿及执行需客户主导，华与华将全程参与、配合。

不设分公司

不入驻企业

周一不出差

不做完稿

下篇

第一章

华与华词典

原理

所有的事都是一件事

所有的事都是一件事，企业家要考虑所有事，只有在一个大脑，一个团队，一次成型、一次做全、一次做对，才没有脱节、没有遗漏、没有死角。

华与华=战略咨询公司+产品开发公司+广告公司，就是因为所有的事都是一件事，战略、营销、品牌、产品、广告要在一个体系里完成。

超级符号就是超级创意

超级符号是人人都能看懂，并且听它指挥的符号。将品牌嫁接超级符号，能在一夜之间，让一个新品牌成为亿万消费者的老朋友，并让他们建立品牌偏好，发动大规模购买。

所有的事都是一件事

超级符号就是超级创意

华与华是企业的战略营销品牌终身顾问

· 华与华超级符号精选案例

企业三大原理

科斯：交易成本原理

企业所有工作都是降低两个成本：外部交易成本和内部交易成本。

1. 企业之所以存在，是因为它降低了社会的交易成本。
2. 当企业的内部交易成本大于外部交易成本时，企业的规模就停止扩张了。

德鲁克：社会职能原理

1. 企业是社会的器官，为社会解决问题。一个社会问题，就是一个商业机会。
2. 任何一个组织机构都是为了某种特殊目的、使命和某种特殊的社会职能而存在的。

熊彼特：创新利润原理

只有创新才有利润，创新的利润是短暂的，因为对手会学习，所以需要不断的创新。

品牌三大原理

社会监督原理

品牌是手段，社会是目的。

从经济学角度看，品牌是一种博弈的机制，是企业为了赢得顾客的选择，给顾客惩罚自己的机会，而创造的一种重复博弈的机制。

品牌成本原理

品牌存在的意义在于降低三个成本：

第一，降低社会监督成本；

第二，降低顾客选择成本；

第三，降低企业的营销传播成本。

品牌资产原理

品牌资产就是给企业带来效益的消费者品牌认知。做任何一件事，一切以是否形成资产、保护资产、增值资产为标准。

品牌资产的两个效益：买我东西，传我美名。

传播三大原理

刺激反射原理

人的一切行为都是刺激反射行为，所有的传播都是自我释放出一个刺激信号，谋求顾客的一个行动反射。

顾客的反射是可以测量的，这是我们的最终目的。所以，华与华方法很大程度上是行为主义的方法。

播传原理

传播的本质不是“传播”，而是“播传”。

是“播”出去，发动消费者替我们“传”。

顾客替我们传，就是从向我们“买”，到替我们“卖”。

- 我爱北京天安门正南50公里（固安产业新城）
- 知识就在得到（得到app）
- I ♥ 莜（西贝莜面村）
- 安全第一（360）
- 爱干净，住汉庭（汉庭酒店）
- 今年取暖用先锋，
  全屋热透分分钟（先锋电器）
- 晒足180天，厨邦酱油美味鲜（厨邦酱油）
- 有斯利安，怀孕好心安（斯利安）
- 产业新城运营商（华夏幸福）
- 六颗星牌长效肥，
  轰它一炮管半年（六颗星牌长效肥）
- 新东方，老师好（新东方）
- 一个北京城，四个孔雀城（孔雀城）
- 我爱傣妹，傣妹爱我（傣妹火锅）
- 小葵花妈妈课堂开课啦！（葵花牌儿童药）
- 你爱我我爱你，蜜雪冰城甜蜜蜜（蜜雪冰城）
- 三精制药，开创口服液蓝瓶时代（三精制药）
- 烘培找立高，款款都畅销（立高食品）
- 老人要穿老人鞋，专业老人鞋，
  认准足力健（足力健）
- 米饭要讲究，就吃老娘舅（老娘舅）
- 一起嗨，海底捞（海底捞）
- 洽洽，掌握关键保鲜技术（洽洽）
- 拍照大声喊“田——七——”（田七牙膏）
- 广州牛杂煲，就吃牛小灶（牛小灶）
- 做足100，益佰制药！（益佰制药）
- 鲜丰水果鲜又甜，
  不鲜不甜不要钱（鲜丰水果）
- 晨光总有新创意（晨光文具）
- 我现在就要绝味鸭脖（绝味鸭脖）

信号能量原理

刺激信号的能量越强，则行动反射越大。放大刺激信号是华与华方法的核心。

两大核心技术

词语和符号，是人类的第一技术，也是华与华的核心技术。词语和符号，是我们一切战略营销品牌创意工作的入口，我们的工作就是寻找和创造拥有最强信号功能的词语和符号，以获得最大的行动反射。

词语的技术：品牌谚语

谚语是人类古老的忠告和人类经验的传承，它是有原力的，是记忆和传播成本最低的句式。谚语没有心理防线，是行动指令。

符号的技术：超级符号

一切传播都是符号的编码和解码。寻找超级符号就是要找到编码和解码效率都最高的符号，达到最低成本、最高效率的传播和品牌资产的积累。

超级符号原理（品牌十六字咒）

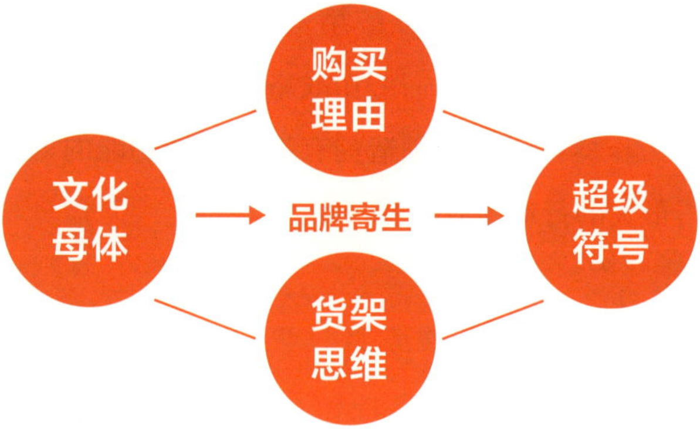

文化母体

文化母体是人类生活中循环往复的部分。

文化母体的四个特征：永不停息、循环往复、无所不包、真实日常。

母体必将循环往复地发生，母体一旦循环至此，购买必将发生。

购买理由

购买理由是心理上的打动机制。购买是由购买理由驱动的，不是由需求驱动的。购买理由就是对暗号，是对母体中的人说话，引起他的注意，并触发母体行为，达成购买。

购买理由=母体超级词语+使用价值+超级句式+购买指令。

超级符号

超级符号是工作的起点，也是终点。

一切产品的任何价值都可以通过符号来表达。超级符号是对购买理由的放大，它来源于文化母体，是和购买理由一起实现品牌寄生的。超级符号是对一个恒定价值的承诺。

货架思维

商品或品牌的信息和消费者发生沟通的地方，都称之为货架。这个世界就是一个充斥着货架的世界。货架有物理的货架、页面的货架、媒体的货架。货架意识就是无时无刻不意识到货架。

两大工作原理

企业战略工作原理

学习客户的业务，理解客户的业务，并用华与华企业战略菱形模型重新想象、重新设计客户的业务。

品牌创意工作原理

用超级符号的方法，降低企业的品牌营销传播成本，建立品牌资产，并高效积累品牌资产。

工具

一、战略篇

华与华企业战略菱形模型

企业战略不是企业的战略，而是企业为承担某一社会责任、解决某一社会问题，而为社会制定的战略。企业的产品和服务，即组成该社会问题有效的、全面的、可持续的解决方案。

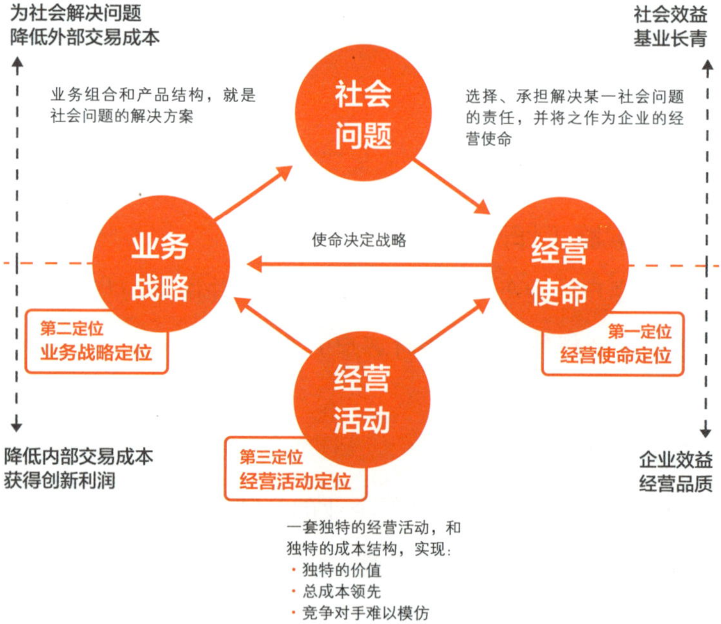

菱形模型分上下两个三角，上三角是降低社会交易成本，为社会解决问题，是社会效益，基业长青；下三角是降低内部交易成本，为企业创造利润，是企业效益，经营品质。

华与华企业战略等式

社会问题=商业机会=企业社会责任=经营使命=企业战略=业务组合和产品结构=社会问题的解决方案

企业的三大定位

第一定位是经营使命的定位——为什么；

第二定位是业务战略的定位——有什么；

第三定位是经营活动的定位——怎么做。

华与华企业价值之轮

“企业价值之轮”模型强调企业的价值是从产品—服务—体验—知识—梦想，逐步递进。

产品价值：企业就是产品

服务价值：服务创造附加价值

体验价值：体验价值–服务价值=创造体验的机会

客户体验阶段：

1. 来之前，让客户有所期待。

2. 来之中，要有惊喜。惊喜创造体验。

3. 走之后，让客户感觉这段体验值得回忆，让他们乐于谈论。

知识价值：企业是经营知识的机构，

也是为人类创造新知识的前沿

做人类的首席知识官，建立压倒性的知识优势。

做行业的权威发言人，建立压倒性的公信力和话语权。

梦想价值：所有的企业都是梦工厂

最伟大的企业，都是在某一方面代表着人类的梦想。

华与华“五个市场”模型

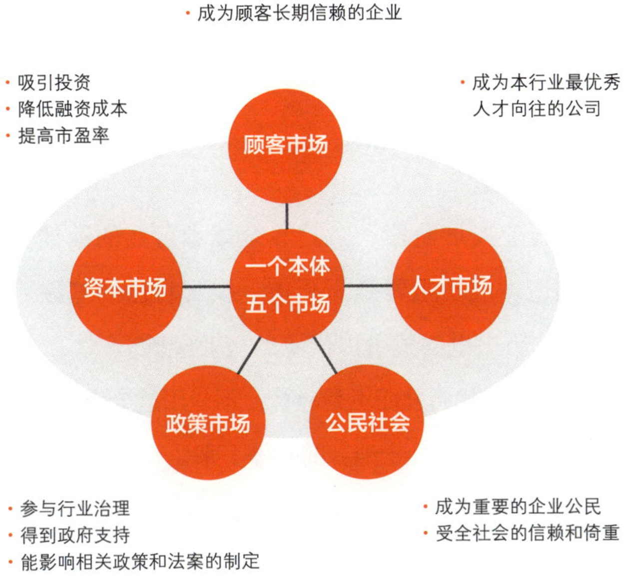

华与华定位坐标系

X轴：产品

把产品上所有可供选择的购买理由罗列出来，找出企业成功的基因，过去成功的基因就决定了未来可能的机会。华与华方法论叫“企业寻宝”。

Y轴：消费者

看消费者的消费知识、消费观念、购买习惯和使用习惯。看消费者对哪些信息敏感。

为消费者提供完整的购买决策信息，降低消费者的决策成本。

Z轴：行业史

一是看行业发展阶段，二是看全球本行业的最佳实践。成功不是靠创造，成功主要是靠模仿。找到自己的基因后，在全球这个行业的历史里去找可以借鉴的行业经验。

所有这些都是找启发而不是运算，不是用这个坐标系运算出来一个结果，而是在任何一个地方随时停下来，一切来自启发。

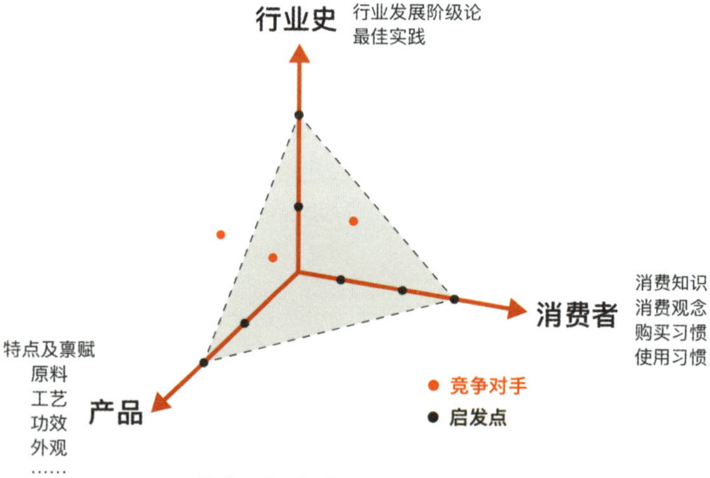

华与华定位坐标系模型

华与华企业战略三角

拳头产品

企业就是产品。任何企业，首先要回答你的拳头产品是什么。强有力的拳头产品，会为大众所熟知。

权威专家

养成顾客对我们的习惯性知识依赖，建立专家形象，掌控话语权力。

梦想化身

代表人类在某一领域的所有追求和终极梦想，成为这一领域的梦想化身。

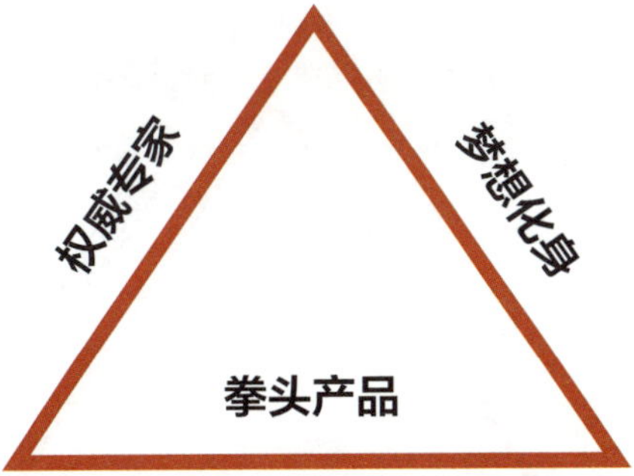

华与华企业战略三角

华与华企业的“三个先进”

拳头产品是什么？

用“三个先进”的思想来说，你在哪方面代表了先进的生产力，这就是你对人类社会的根本价值！

权威专家是什么？

用“三个先进”的思想来说，就是先进文化的代表。你在哪一方面，代表了最先进的文化；你在哪一方面，集合了先进文化的资源。

梦想化身是什么？

用“三个先进”的思想来说，就是代表全人类的梦想！代表了顾客的利益，顾客自然会照顾到你。

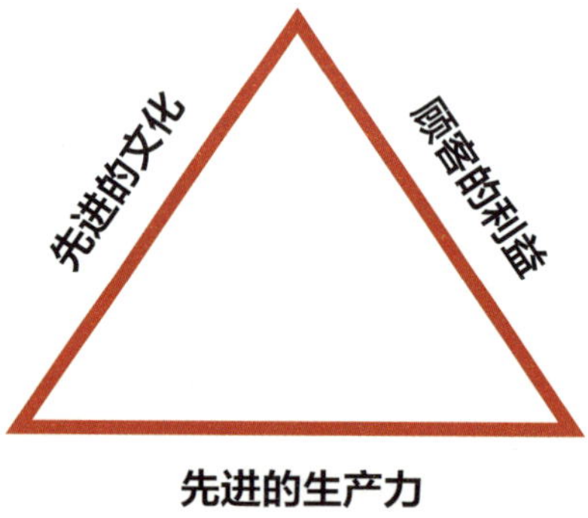

华与华企业的“三个先进”

华与华品牌三角两翼模型

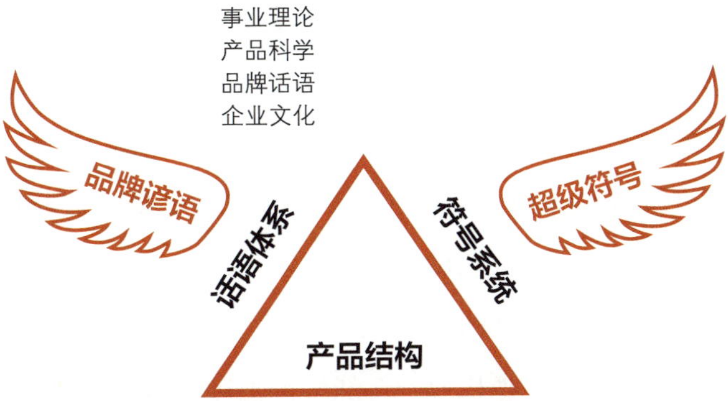

华与华品牌三角两翼模型

华与华方法对品牌的定义是，品牌就是产品的牌子，是一个名字、一个符号。

产品结构是物理的，话语体系是文本的，符号系统是符号的，这三条边组成一个三角形，就是华与华方法的“品牌三角形”。

产品结构：这个牌子下面有哪些产品，这就是品牌的产品结构。

话语体系：话语体系就是产品及产品结构的逻辑，是一套事业理论、价值标准、选择逻辑、购买理由、命名规则、词语和定义，是品牌的文本系统。

符号系统：一个伟大的品牌就是一个伟大的符号系统。视觉、听觉、嗅觉、味觉、触觉五大感觉都可以构建品牌的符号系统。

话语体系是文本信号，符号系统是感官刺激信号。

话语体系中提炼出一句口号，就是品牌谚语。

符号体系中有一个核心，就是超级符号。

超级符号和品牌谚语构成让品牌起飞的两翼，加起来就是华与华方法的“品牌三角两翼模型”。

产品结构本身也是话语体系，因为它是一套命名体系，命名又是符号的一种，所以归根结底，都是符号系统。

产品是物质，话语是意识，符号是潜意识。

物质决定意识，意识又对物质具有反作用，超级符号方法，则更能发掘出潜意识的作用。

华与华产品战略三角

企业战略的核心就是产品结构和业务组合。

产品结构

产品结构就是企业发展路线图。

每一种产品所扮演的战略角色和承担的战略任务

克劳塞维茨说，“所有的会战都是为了最后的决战”，我们要把每一次会战和次序安排好。

推出的战略次序

这一路线图的设计决定了成功的概率和营销投资的效率。

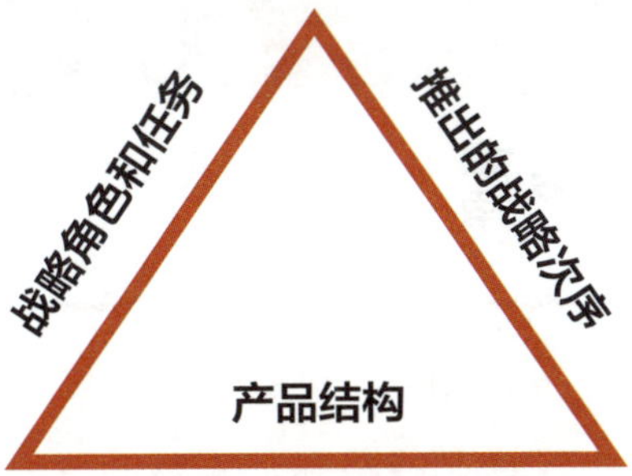

华与华产品战略三角

华与华围棋模型和战略镰刀

战略就是下围棋，金角银边草肚皮，金角占据制高点，银边拉出包围圈，镰刀收割草肚皮，天下归心成大局。

所谓“战略镰刀”，就是超级符号炼成后，其所携带的价值可以去别人家地里收割庄稼，而别人要和咱们竞争呢？他找不到地方下嘴！价值雪球，就是咱的价值越滚越大，而且每一圈都比上一圈大，加速发展，你自己都挡不住！

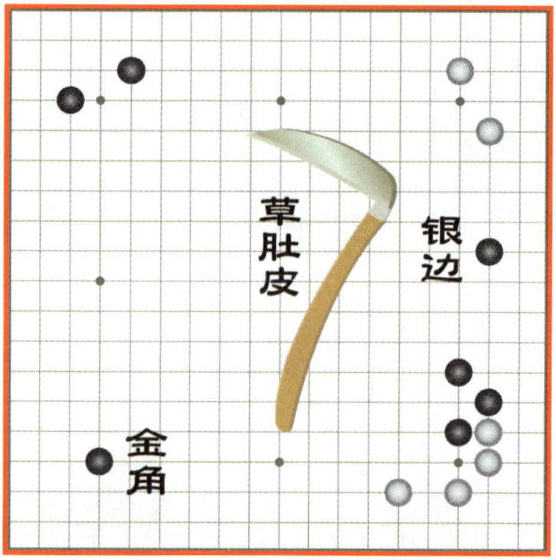

金角银边——品类权威/竞争壁垒

草肚皮——边际效应/战略镰刀/最后的盈利

迈克尔·波特五力模型

竞争不是为了打败对手，而是为了获得利润。

竞争战略即有目的地选择一整套不同的经营活动，以创造一种独特的价值组合。

影响利润的五个力：

① 同行业内现有对手的竞争；

② 对上游供应商的议价能力；

③ 对下游顾客的议价能力；

④ 新进入者的威胁；

⑤ 替代品的威胁。

战略定位是一组独特的经营活动，带来三个结果：

① 独特的价值

② 总成本领先

③ 其他公司难以模仿

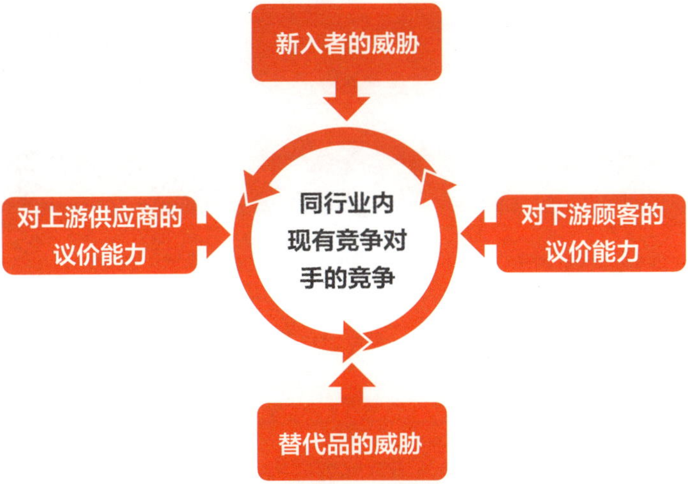

迈克尔·波特五力模型图

熊彼特五个创新

“创新”（Innovation）就是将原始生产要素重新排列组合为新的生产方式，以求提高效率、降低成本的一个经济过程。

① 创造一个新产品，或者给老产品一种新的特性；

② 创造一种新的生产方式；

③ 采用一种新的原料；

④ 开辟一个新的市场；

⑤ 创造一个新的商业组合，建立或打破一种垄断。

二、产品篇

营销4P

4P理论是华与华解决营销问题的最高纲领。

4P就是营销的全部和全部的营销，因为它能够做到完全穷尽，相互独立。

产品 Product	价格 Price
· 产品就是企业发展战略 · 产品结构 · 每一支产品扮演的战略角色，和承担的战略任务 · 推出的战略次序	· 营销模式的选择 · 产品价值的定义 · 设计销售者的利益分配
渠道 Place	**推广 Promotion**
· 企业的“政治体制” · “商品从生产企业流转到消费者手上的全过程中所经历的各个环节和推动力量之和” · 解决如何最大限度地整合利用销售者的资源，对这些环节和力量的动员能力和控制能力 · 解决销售者愿意积极地替我们卖的问题	· 核心是建立品牌 · 不断降低流量获取和转化的成本

华与华顾客价值方阵

顾客在我们这里到底得到什么，有四个方面：

① 顾客来我们这里做什么；

② 体验什么；

③ 在这里学到了什么，顾客对自己学到了什么很在意；

④ 成为什么，品牌是身份的象征。

这和前面的价值之轮异曲同工。

华与华产品开发路线图

后工序决定前工序，从消费现场开始往后倒推。

产品开发就是洞察一个购买理由，提出一个词语，再用产品去实现它。产品开发、包装设计、广告创意在华与华是一个系统，同时完成，一次成型。

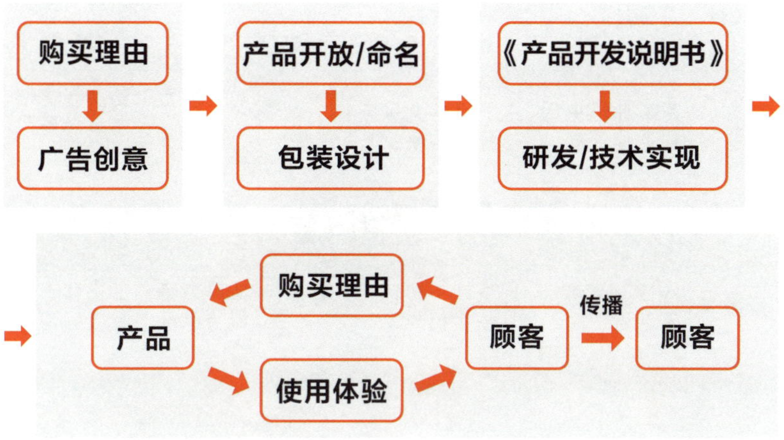

消费者的四个角色

消费者这个词，表达的是人与商品的关系，所以我们思考消费者的时候，要围绕这个关系的变化来思考。分购买前、购买中、使用中、使用后这四个阶段。

角色	状态描述	策略目标	策略重点
受众	第一特征：茫然 第二特征：遗忘	从茫然中唤醒：沟通的发生！ 对抗遗忘：让他记住！	超级符号、品牌寄生 反复重复，全面媒体化
购买者	购买环境中的 信息搜寻者	提供信息服务！ 打动购买，促成销售！	购买理由、购买指南 购买指令、菜单思维 终端生动化
体验者	期待及验证心理	有惊喜、魅力品质！ 反复购买，愿意传播！	符号化 仪式化
传播者	感性、主动 无意识	设计一句话让消费者替我们传	品牌谚语、话语体系 超级符号、超级画面

消费者的购物旅程

促成购买的核心消费决策，是发生在货架前的消费行为。

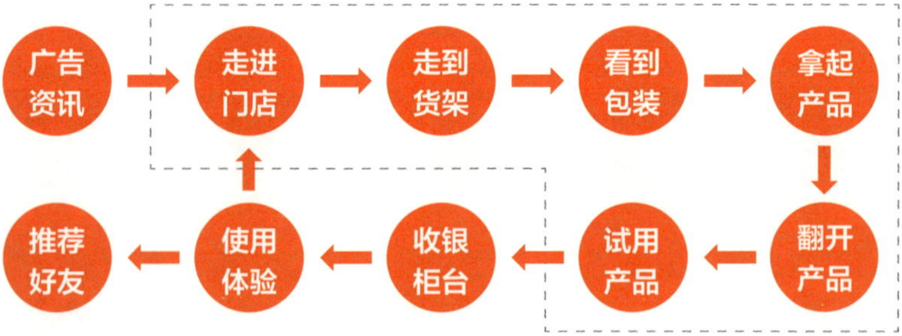

三个购买

完整的广告文本信息中应包含三方面内容：

购买理由、购买指令、购买指南。

这是企业的生意经，也是为消费者服务，降低消费者的决策成本，并提供行动指南。

做广告要无我，不要总在意自己的表现，不要担心别人会怎么看我，才能全心全意为顾客提供对他有用的信息，一心一意把自己的产品卖好。

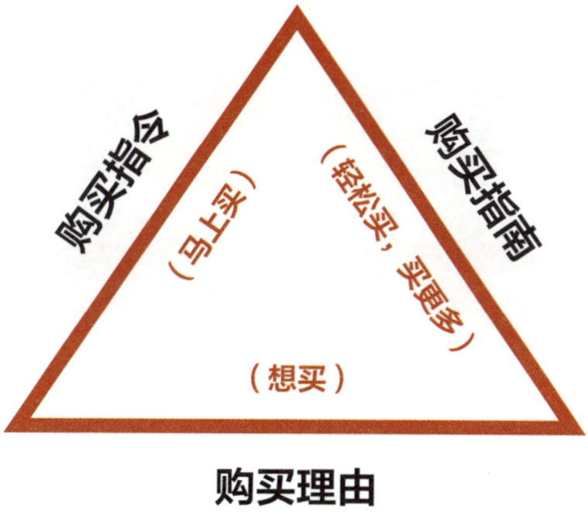

三现主义

即现场、现物、现实。一切答案都在现场。

当你走到现场，看到现物，看见发生的现实，创意就会向你走来。

	状态描述	动作
现场	鹰的眼睛，俯瞰全局	画地图，城市—街道—商圈—门店
现物	兔子的眼睛，观察细节	拉清单，点检摸排统计物料和产品
现实	树的眼睛，记录事实	时间轴，年/月/周/天里发生的具体事情

三、技术篇

品牌文化

品牌文化的本质是占人类文化财富的便宜，品牌文化就是把人类文化商品化。

人类文化就是人类历史上积淀的物质财富和精神财富的总和。在这宝库中选择你的文化原型，将之符号化，包装到你的商品上，就是品牌文化。

品牌的生命力来源于文化，品牌要有文化原型。

将人类文化符号化，符号化为品牌。用符号将品牌寄生在文化上，就获得了人类积攒了千年的文化财富。

文化遗产品牌

品牌文化的成本本质，就是人类文化。

最有价值的品牌是文化遗产品牌树立一个品牌，要以成为人类共同的文化财富为目标。

文化遗产品牌就是指这个品牌是我们整个民族的物质文化遗产。或者说，一些地方的文化遗产品牌，是地方人民的物质文化遗产，比如茅台、云南白药、东阿阿胶。

品牌符号化路径

人有五大感觉：视觉、听觉、嗅觉、味觉、触觉。

这五大感觉，就是五条品牌符号化路径。

品牌谚语填空法

想卖什么就直接说什么。广告语的创作就是填空法，要押韵，要有品牌名。

第一，要有品牌名称；第二，要有品类名，要让别人看到后，知道你是卖什么的；第三，要有超级词语，围绕超级词语形成购买理由；第四，最好要有购买指令，直接下达命令。

品牌命名

命名就是成本，命名就是召唤，命名就是投资。

品牌命名使用有意义的、具象的、有画面感的词语，最好

名字就是价值，名字就是想象力，名字就是购买理由。

品牌标志

品牌标志是用来降低品牌识别、记忆、传播的成本的。

标志不要解释，尽量使用具象的图形，一目了然见行业，发掘品牌名字的戏剧性。

自媒体工程和全面媒体化

产品本身就是企业的“自媒体”，是品牌最大的媒体。

自媒体不是微博、微信，而是你的产品、包装、工厂、员工、车辆……你所有的一切，不放过任何一个跟消费者接触的点，把他们和它们全面媒体化。

每一个营销工具，都要能单独完成一次完整的进攻，一个包装，一个海报，一个宣传单页，都要具备单独完成销售的资源条件。

品牌营销日历

以季节性营销活动为主题，形成品牌一年的营销日历。营销日历要年年做，年年同一时间做，“驯养”消费者，培养消费习惯。

公关

公关是企业的社会服务产品，要用产品开发的思维做公关。开发“公关产品”，这个公关产品，不仅在我们的业务组合和产品结构里面，还在我们的企业战略里面，构成我们的经营使命，即我们的社会责任所要解决的那个社会问题的解决方案。

危机公关二原则

1. 主观上接受自己的形象是不完美的。特别是平时不要无限拔高自己的道德形象，就是给自己多留余地。
2. 一旦出现问题，如果真是自己错了，马上认错投降，越快越好，否则越拖越长，越拖越惨，你认了就结束了，大家等着抓下一个呢。总之就是做个实在人，公关很多时候都是无用功！

播传

传播的本质不是“播”，而是“传”，传播的关键在于传，所以不做“传播”做“播传”。

播传是我播一个东西让它自己能传，发动消费者替我们传，先考虑不花成本的“传达率”。不是我说一句话给他听，而是我设计一句话他会说给别人听。

产品

产品的本质是购买理由，产品开发就是创意购买理由，先命名，就是提出一个词语，然后用产品去把它物化实现。

设计产品，就是设计消费者的选择逻辑，能够让购买者以最快的速度进入的逻辑，从而赢得消费者的选择。

包装设计

包装设计的本质是为了获得陈列优势，也就是如何从货架环境中获得视觉优势。

包装设计就是产品再开发，包装的本质是信息炸药包。

包装是最大的媒体。包装要在货架上脱颖而出，引起消费者注意，并携带购买理由，炸开消费者的心智，达成购买。包装设计要用色如用兵，创造体验来增加包装的附加价值，是购买者视觉体验的设计，是和购买者进行对话交流的设计，是购买者思维过程的设计，是购买者一系列行为的设计。

包装文案

包装就是销售员，为产品写剧本，让产品自己会说话，自己能在货架上把自己卖出去。包装文案必须完成身份价值传达和购买鼓动。

把包装文案做成导购指南。一个好的包装文案能发挥巨大的作用，能吸引消费者阅读，引导他一口气读下去，读完就能把你的产品放进购物篮。

沟通的速度越快，沟通被打断的概率越低。用超级句式和短语加快阅读速度。

购买理由是单一逻辑，快速罗列证据，表述简单、清晰，不能让消费者的阅读出现折返。所有文案要顺着购买理由逻辑往下说，不产生新的疑惑，不产生新的好奇，不产生新的价值。

电视广告

电视广告不是“讲故事”，是“耍把戏”，是“产品演出”。

15秒电视广告的技术要求：用15秒的表演让一个观众注意到，并有意愿掏钱购买一个他第一次听说的产品。

零基础沟通，要假设他是第一次听说这个产品！

创作标准：

① 让人记住品牌叫什么名字；

② 让人记住商品长什么样子；

③ 给人购买理由和冲动；

④ 建立品牌符号和企业战略优势。

卡通形象

卡通形象的成本本质，要有“文化原型”，即文化里本来就有的东西，本来就让人们有好感、喜欢的东西。原型成本低，如果没有文化原型，我们根本支付不起投资打造一个新卡通形象的成本。

平面广告

平面广告的成本本质，是直接决策成本。

平面广告要提供让消费者足以直接做出购买决策的信息，提供导购指南，而不是仅仅引起注意（那是户外广告牌的事）。

信息多多益善，文案越长越好，提供的信息越多，提供的购买理由越多，消费者就买得越多。

门头设计

门头设计的本质是人流，吸引更多顾客，留住更多人。简单、直观、醒目，反差要大，字体要粗，放大撑满，大粗黑。

纪念品

纪念品的本质，是一个信物，是一个符号，是一个媒体。最重要的，它是一个媒体！让消费者愿意携带，愿意放到家里的玻璃柜，并且还会乐于谈论，为品牌和产品做广告。

调研

调研是找参考，找启发，不是找依据。一切创意在现场！调研的关键是了解消费的故事，这个故事里有时间、地点、人物、过程、情绪，调研报告要有“语境”。调研要去到消费现场，观察消费者的购物旅程，和基层店员交谈，调研行业标杆，调研行业发展史。

产品策略、营销策略，就是编写消费故事的剧本。

电话测试法

命名是不是听觉词汇，成本是不是足够低，有一个简单的检测方法：就是在电话里跟人说你的名字，看看要花多少时间。

创意测试法

创意测试四大问题：

① 是谁？

② 他要你做什么？

③ 你做不做？

④ 为什么？

创意成本法

如何用创意降低成本？从成本的角度来看一切企业经营的问题，一切问题都可以归结到成本的降低。

生产成本的降低，营销成本的降低，管理成本的降低，沟通成本的降低，研发成本的降低，人力成本的降低，战略拓展成本的降低……

建立新品类，赢得解释权

要有“品类”思维，而不是“品种”思维。

品类价值是用购买理由来建立的，在品类价值中寻找品种价值，把这个品种价值具体变成我们的购买理由，让它成为这个行业中的新类别，这样做就可以赢得解释权，就拥有了话语权。

鼓动尝试

快消品的营销特征，在于“低购买尝试成本”。

不要指望从理性上说服消费者，快速消费品营销的本质在于“鼓动尝试”，消费者总是对广告的吹嘘充满戒心，同时又对广告的诱惑充满好奇。鼓动尝试的诀窍，是化解戒心，给他的好奇心轻轻一拨。

赞美消费者

想卖东西给别人，就要拍别人的马屁，华与华方法叫“赞美消费者”。

例如，华与华为美罗胃痛宁创意的电视广告“胃痛光荣篇”——“胃痛？光荣！肯定是忙工作忙出来的，美罗牌胃痛宁片”。

俄罗斯苏-27战机广告语：“伟大的祖国需要伟大的战机。”

驯养消费者

养成消费者对企业的习惯性资讯依赖。不只是成功销售某一种产品，而是将品牌经营为某一个类别的权威；不仅成为消费者某一类产品的供应商，更成为其某一方面资讯的习惯性来源。

定义思维

每个公司都应该编写自己的《企业词典》，先定义，后定位。

定义思维是一种思考的模式和表达的格式，如果大家给出的定义都不一样，开会讨论使用的词语定义都不一样，就会导致语言相通，词语不通，我们的沟通成本就会非常高昂，就不能指望会议能有成果。

四、管理篇

TPS

丰田生产方式（Toyota Production System，TPS）是由日本丰田汽车公司的副社长大野耐一创建的。

华与华方法认为，创意不是天马行空，而是和制造业一样，在生产车间生产，创意型企业的生产管理方法和丰田生产方式异曲同工。

★ 如需继续了解，请扫描二维码，阅读华杉的文章《如何批量生产“创意”，创意型企业生产管理的12条华与华方法》

5S

“不会收拾的人不会干活”，每一项工作里都要贯彻5S的思路。

清扫 SEISO：就是点检、排查，确定清扫彻底的标准。

整理 SEIRI：区分“要”与“不要”，处理不要的物品。

减少管理对象（减少控制点），管理的东西越少，就管理得越好。

整顿 SEITON：将“要”的东西整齐摆放在指定的位置。

标准：是10秒钟找到，1秒钟放回去！

清洁 SEIKETSU：保持干净的状态，就是让事物恢复它本来的面貌。

形成标准状态，或者规定状态，有异常就能马上发现。

素养（习惯）SHITSUKE：遵守工作上的规则和制度。

就是养成习惯，养成一个良好的工作和生活习惯，才是最大的生产力。

标准和基准

美国的标准：标准是用来达到的

美国式的管理就是自上而下，上面制定KPI，也就是业绩考核指标。

日本的基准：基准是用来打破的

日本式的管理就是自下而上，共同制定基准，并且持续改善。

不能低于公司的历史基准，不能低于自己的历史基准；超过历史基准，成为新的历史基准。不退步，就是最快的进步。

松浦九条——课题循环工作法

运用“松浦九条”能够减少工作当中的废动作，提高全员的时间利用率。这套循环工作法是华与华在营销实践中收获的行之有效的方法。

课题循环工作法是华与华能与客户长期合作并持续创造价值的关键，不搞错课题和能提出新课题是华与华方法的重大战略价值。

	9大步骤		实施步骤
P 计划	1 **明确课题**	抓住现场问题点 确定课题	1）选定课题的方法（问题意识、头脑风暴） 2）把握问题的种类（现状与基准有差距的问题、自己设定基准的问题） 3）问题的发现方法（人机料法、浪费波动过载、用带有“不”的词来检查、用QCDSM检查）
	2 **把握现状**	调查问题现状 抓住特性事实	1）调查事实的数据。 2）以三现主义的态度仔细检查、确认。 3）分层次分析（分时间、分地点、分人……）
	3 **设定目标**	明确目标、制订计划 定量化、具体化	1）基于工作现场的需求，设定采取措施的目标。 2）制订不过于勉强、能够顺利实施的计划。
	4 **找出真因**	查找问题的要因 挖掘出真因	1）基于事实数据，列举对事实有影响的要因。 2）将列举出来的要因用工具进行系统整理。 3）从浓缩的要因中深入探究，挖掘出真因。 **寻求真因的5-4-3-2-1** 5个为什么 4M人机料法 3现主义 2原理原则 1个真因 （只要一个，重点导向）
D 执行	5 **制定对策并实施**	对策制定 实施对策	1）针对通过要因解析获得的真因，发挥小组人员的智慧与经验，思考对策方案。 2）可以用奥斯本检查项目表。 **奥斯本检查表** 能否：他用、借用、改变、扩大、缩小、替代、调整、颠倒、组合?

C 检查	6 **确认成果**	针对实施的成果进行调查确认	1）将实际和目标进行比较（是否达成，未达成就回到要因分析） 2）把握其他成果（附带成果） 3）把握无形成果（人际关系、能力、团队精神等）
A 处理	7 **基准化** **（防止再发）**	为了不让问题再发进行基准化	基准化时，重要的是要将“谁”“何时”“在哪里”“做什么”“如何做的”这些要素明确下来，便于实施。
	8 **反思** **（总结）**	反思活动过程和成果明确遗留问题	1）对计划与实际的差异明确出来，进行反思。 2）对各步骤推进方法与步骤间的联系进行反思。 3）对活动运行的方法（会议召开方法、分工、学习活动等）进行反思。
P 计划	9 **下一个课题**	今后的计划	1）将上述的反思的内容（获得的经验）用于下次活动。 2）将这次活动中未能解决的问题点，遗留的问题、课题明确出来，运用5W2H制定计划。

麦肯锡MECE原则

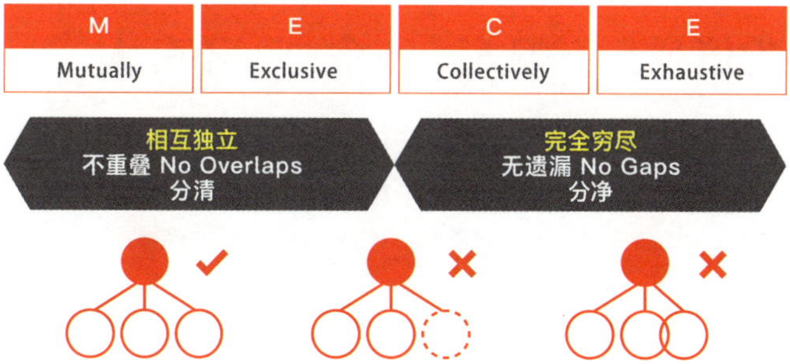

价值观

经营使命
让企业少走弯路

企业精神
真人真心真本事

核心价值观
不骗人 不贪心 不夸大

经营理念
悦近来远 终身服务

经营使命：让企业少走弯路

我们的经营使命是，让企业少走弯路，而不是帮企业成功。最高的效率是不返工，最快的进步是不退步。不追求速度，就是少走弯路，这就是滴水不漏、滴水穿石。

核心价值观：不骗人　不贪心　不夸大

华与华的价值观就是不变兵法，就是讲底线。

不骗人

第一条底线就是不骗人。再缩小一下范围，叫作不骗客户。

不贪心

要搞定客户的事，不要搞定客户，要集义而生，不要义袭而取。

不夸大

咨询公司最容易就是夸大。华与华只有一个成功案例，就是“华与华”。

企业精神：真人真心真本事

没有真本事拿不出真心来。真人真心真本事，做客户的良师益友，还要有一颗父母心。

经营理念：悦近来远　终身服务

近者悦、远者来。近者悦，所以我们把所有的时间资源投到现有的客户，远方的客户自然就来了。我们只要把我们的员工照顾好了，让所有年轻的员工都想来华与华工作，他自然就来了，我们花了很多钱做培训，但从来不花一分钱找猎头。

“终身服务”就是我们所有服务的模式，客户是一年一年永续的。

正心术　立正学　走正道

用华与华的实践和学术树立一个正心术、立正学、走正道的范例，也找到我们的同道。

“仁者不忧，智者不惑，勇者不惧”，意思是“仁爱的人没有忧虑，有智慧的人没有疑惑，勇敢的人没有恐惧”。

至诚无息，原则不变

始终以诚待人，没有停息。无息则博厚，越积越厚，厚德载物；无息则悠远，就是永续经营；无息则高明，就是活在他人想象之外。

不要讲尽力，要尽心

不同的人尽的心不一样，尽心的人浑身是戏，尽力的人看着苦，却产生不了价值。一件事，你说你尽力了，那是托词，其实你可能没尽心，就是去比画了一下，一定要把心投入，才能创造价值，才会有结果。

为最终结果负责

始终服务于最终目的，不管你是在哪个工序，你创作的最终目的是服务于市场，要主动主动再主动，推动客户，抓住根本。要抓执行，还要抓客户的执行，我们的方案挺好，但是客户没执行，那还是失败的。

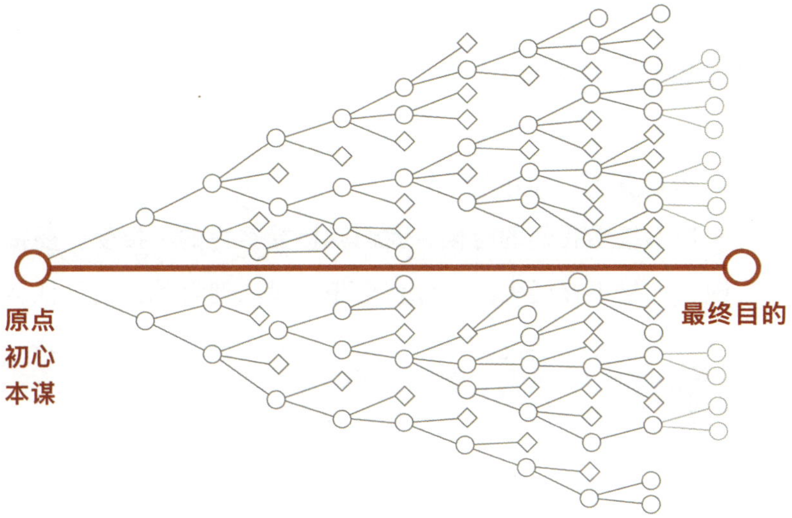

始终服务于最终目的　　随时回到原点思考

不明知有害而为之

1. 宁可不作为，不可乱作为

客户来是要先交钱的，允许收客户的钱什么都没干，交了咨询费，没得到什么好处，是客户应该承担的风险，但是如果“被冒险”而遭遇重大损失，就是咨询公司的罪恶。

重要的是后面这句——不可乱作为。

笔下有财产万千，笔下有人命关天，笔下有是非曲直，笔下有毁誉忠奸。

2. 承认失败，接受失败

客户不接受我们的时候，我们就接受客户的不接受。要接受失败，如果不接受失败，你就会想方设法迎合他，满足他，给他新方案，你就会乱动作，那是一种欺骗。接受失败，转身就走，不要贪钱。

营销的两种价值观

一是利用信息不对称，消费者不需要真相，也不懂得产品科学，我只需要占领他的心智，蒙住他的眼睛，牵着他的手，让他选择我。

二是让信息对称，假如信息对称，假如消费者是专家，懂得产品和服务的一切真相，他就一定会选择我！

华与华品牌观

我们建立品牌，是为了方便顾客和社会监督我们，把我们的一切工作置于顾客和社会的监督之下。

如果我们做了对不起顾客和社会的事儿，我们行不更名，坐不改姓，我们就在这里，接受处罚，付出代价。如此，我们才能得到继续服务的机会。

闻过则喜，发自内心，符合利益。

非竞争论

这针对的是企业界普遍存在的竞争对手崇拜症。

谈企业战略，离不开竞争战略。华与华的竞争观是，竞争是一种幻觉，同行是一种假设，我们称之为“非竞争论”。

泡妞论和饭碗论

“泡妞的关键在于妞，不在于情敌。”

“人性的弱点，就是总盯着谁抢了他的饭碗，不盯着谁给了他饭碗。”

“盯住顾客，而不是盯住对手，当你全神贯注地关注顾客，你根本没兴趣知道别人在做什么。”

君子之争譬如射箭

“仁者如射，射者正己而后发。发而不中，不怨胜己者，反求诸己而已矣。”

——《孟子》

胜可知，而不可为

“昔之善战者，先为不可胜，以待敌之可胜。

不可胜在己，可胜在敌。

故善战者，能为不可胜，不能使敌之必可胜。

故曰：胜可知，而不可为。”

增长观　发展观　生存观

发展比增长重要，生存比发展重要。发展是建立未来的生存能力。

增长是短期问题，可有可无。发展是战略问题，就是不断提高企业在未来的竞争力。

生存是一切的前提。生存是命脉问题，如何能够“永不出局”，才是老板的根本任务。人类、国家、城市、企业、个人，最愚蠢莫过于一心贪婪于增长，而不投资于发展面向未来的能力，最终危及生存。

华与华学习观

学习的本质，是一种行动反射，不是知识记忆；学习的关键是“知行合一”。

① 学习本身就是人生的目的。

② 学习不是为了更成功，是为了让自己免于愚蠢。

当你想要更成功，你就会弯道翻车；当你一心一意让自己免于愚蠢，你就会滴水穿石，日日不断积累。

学习的五个部分：敬畏之心、切己体察、事上琢磨、知行合一、举一反三。

敬畏之心：要有敬畏之心，而不可有“胜心”。

切己体察：我们学习，是为了自己进步，不是为了胜过谁，更不是为了要“制”谁。

事上琢磨：放在自己身上想，并且一定要在自己所做的具体事情上琢磨。

知行合一：要在具体的事情上，反复练习学到的东西，做到“知行合一”。

举一反三：标准只有一条，即要学到解决问题的基本思路，并将之内化成为我们思维的一部分，做到闻一知十、举一反三。

祛除“四个不知道”

① 做之前，不知道自己要做什么；

② 做之中，不知道自己在做什么；

③ 做之后，不知道自己做了什么；

④ 不知道自己不知道。

第二章

华与华公司简史

2002

7月，华与华在广州天河建和中心大厦成立，初创期一共5个人。

△ 华杉在建和中心办公室办公

2003

12月圣诞夜，华与华迁往上海南京西路。

△ 设于南京西路中欣大厦的办公室

2006

8月，华与华投资成立读客图书公司，将华与华方法应用于出版业。

△ 华楠与熊猫君

读客

△ 读客Logo

2008

5月，投放中国三大航机杂志广告，国航《中国之翼》、东航《东方航空》、南航《南方航空》，持续至今，从未间断。

△ 三大航机杂志广告

随后，华与华又陆续在北京机场、上海虹桥机场、上海浦东机场和深圳机场投放公司广告。

△ 北京机场航站楼户外高炮广告

△ 上海虹桥机场T2航站楼灯箱广告

2013

11月，出版《超级符号就是超级创意》。一经出版，就横扫当当、京东、亚马逊新书排行榜，被《人民日报》推荐为“30个领域的入门书”之一。

2014

华与华聘请中国台湾“开放智慧”公司，运用引导技术，召开“裂变”大会，正式启动华与华合伙人制度。

△ 裂变1现场照片

2015

华与华聘请尚和管理咨询公司，正式引入TPS丰田管理方式。

△ 每月TPS培训会

△ 每周一大扫除

2015

《华杉讲透〈孙子兵法〉》出版，启动华与华文库系列图书出版计划。

2019第三版

2019年出版

2019年出版

2019年出版

2020年出版

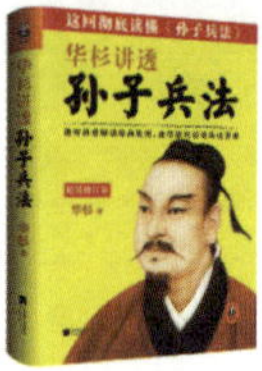

2015年简体版

2016年韩文版

2017年繁体版

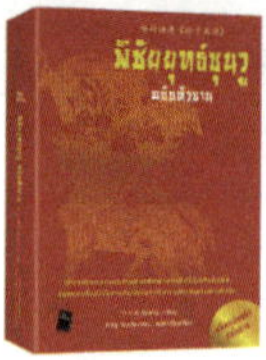

2019年泰文版

2016年出版

2018年出版

2019年出版

2019年出版

2019年出版

2019年出版

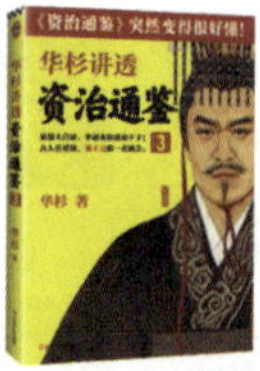

2020年出版

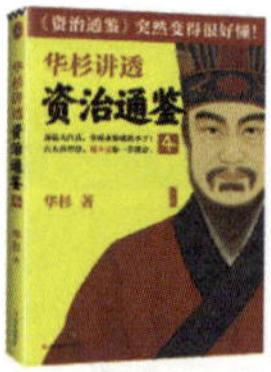

2020年出版

2020年出版

2020年出版

2020年出版

2016

1月，华与华商学院正式成立，华杉任校长，颜艳任教务长。

△ 华与华商学院首次开课

2016

4月，华与华乔迁至开伦江南场创意园区。

△ 开伦江南场乔迁仪式

2018

2月，搬入上海环球港，开启华与华新时代。

△ 环球港楼体霓虹广告：欢迎华与华

2018

4月，首批“华与华文库”专柜入驻上海浦东机场，覆盖航站楼内七大书店。

2019

华与华超级符号品牌课正式对外开课。

△ 4月首期课

△ 10月二期课

12月，华与华第六届百万创意大奖赛首期对外公开竞演。

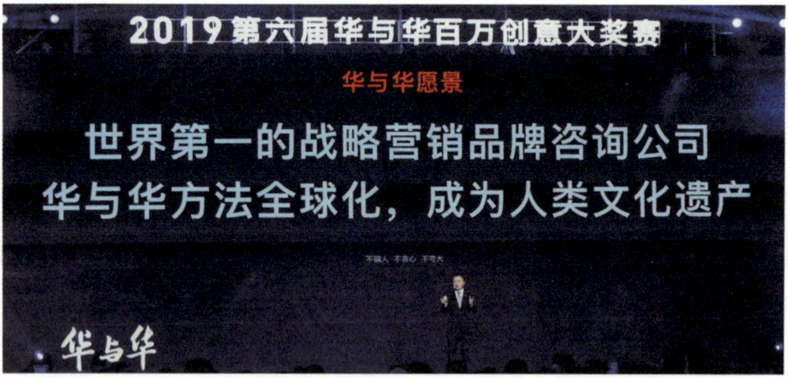

△ 八大参赛案例现场展厅

△ 华杉百万创意大奖现场演讲

△ 上海爱乐乐团现场音乐会

△ 百万创意大奖颁奖典礼

2020

1月，“开放智慧”公司帮助华与华召开“裂变2”会议，凝聚共同愿景，深化裂变长效机制，完善员工发展政策，开启华与华新的十年。

6月，与光辉合益咨询公司签约，该公司为华与华提供人力资源服务。

7月，“华与华方法与案例史”直播课正式上线。

百万创意大奖

2015年1月，西贝项目获首届100万元超级创意大奖。

2016年1月，360项目获第二届100万元超级创意大奖。

2017年1月，六颗星牌长效肥项目获100万元超级创意大奖。

2018年1月，汉庭项目获100万元超级创意大奖。

2019年1月，莆田项目获100万元超级创意大奖。

2019年12月，华与华第六届百万创意大奖赛公演，足力健项目获100万元超级创意大奖。

特别鸣谢

感谢为本书作出贡献的以下人员（排名不分先后）：

颜艳、刘玲、冯家毅、李瑶、史梦飞、杨帆、徐昇、张华山、刘谨凯。

激发个人成长

多年以来，千千万万有经验的读者，都会定期查看熊猫君家的最新书目，挑选满足自己成长需求的新书。

读客图书以“激发个人成长”为使命，在以下三个方面为您精选优质图书：

1. 精神成长

熊猫君家精彩绝伦的小说文库和人文类图书，帮助你成为永远充满梦想、勇气和爱的人！

2. 知识结构成长

熊猫君家的历史类、社科类图书，帮助你了解从宇宙诞生、文明演变直至今日世界之形成的方方面面。

3. 工作技能成长

熊猫君家的经管类、家教类图书，指引你更好地工作、更有效率地生活，减少人生中的烦恼。

每一本读客图书都轻松好读，精彩绝伦，充满无穷阅读乐趣！

认准读客熊猫

读客所有图书，在书脊、腰封、封底和前后勒口都有“**读客熊猫**”标志。

两步帮你快速找到读客图书

1. 找读客熊猫

2. 找黑白格子

马上扫二维码，关注“**熊猫君**”

和千万读者一起成长吧！